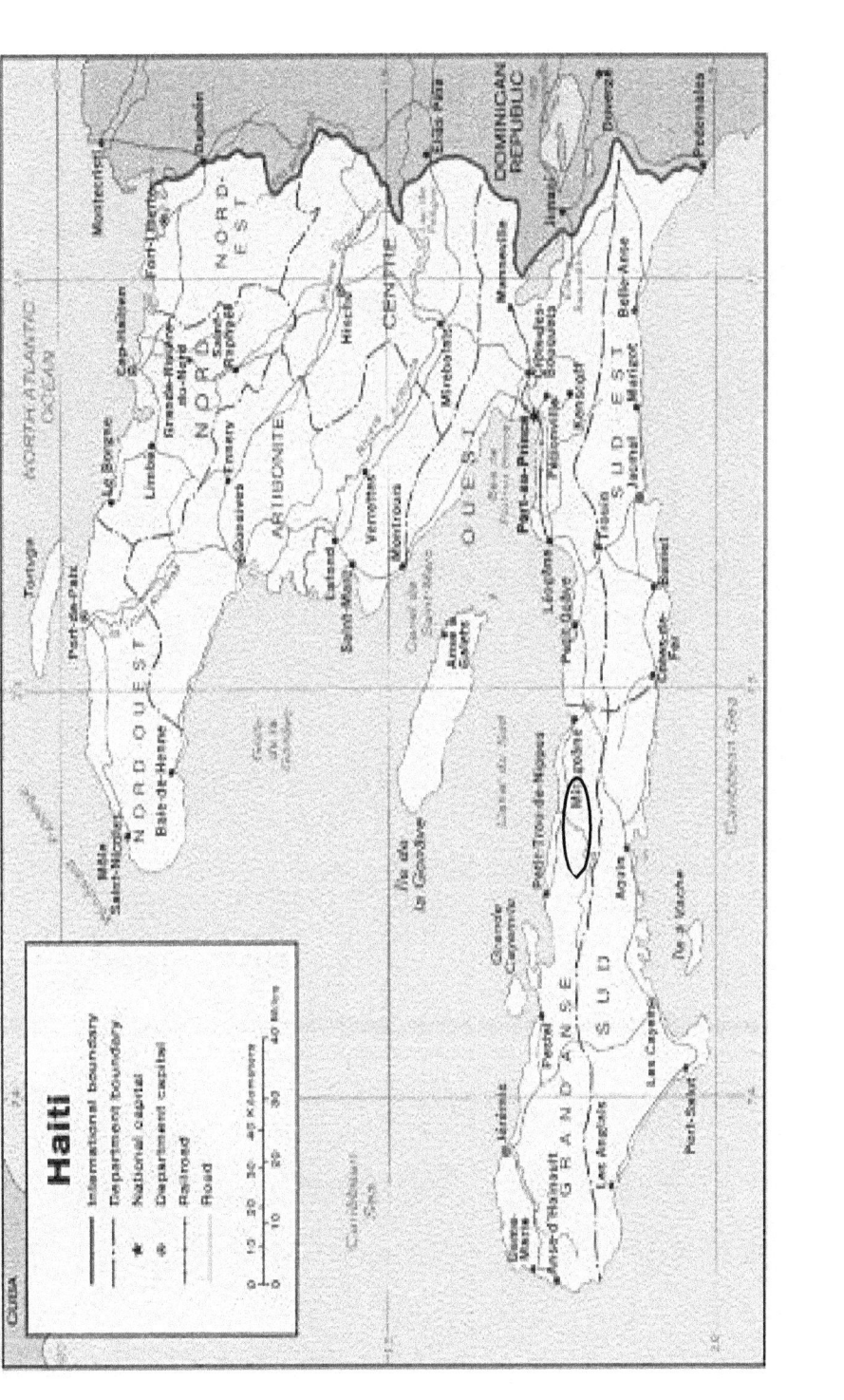

Une femme parmi tant d'autres
Tome !

Enice Toussaint

Éditions Nouveau Siècle

Éditions Nouveau Siècle

La maison d'édition « Nouveau Siècle (ÉNS) » propose des œuvres sincères et personnelles où la liberté d'expression prime. De nos jours, malgré tous les conflits, nous faisons l'expérience d'un monde plus unifié. Cela est dû en grande partie aux télécommunications et à une économie mondiale sans frontières. Cette nouvelle forme de réalité facilite les échanges entre les cultures et la conceptualisation d'une identité humaine enfin en harmonie avec elle-même.

C'est dans une telle vision de paix que cette maison d'édition entend promouvoir ses activités : Publier des paroles personnelles, nées d'expériences individuelles, désireuses de témoigner d'un monde en transformation. Pour aller de l'avant dans ce nouveau siècle, nous devons aller de l'avant sans craindre le changement, la différence, d'être nous-mêmes, de nos pensées et des pensées des autres. Avec une telle philosophie, les mots vrais, même les plus simples, peuvent aider à nourrir le renouveau dans notre monde.

La mission du « Nouveau Siècle » : Partager des pensées et préserver des souvenirs...

Publisher : Éditions Nouveau Siècle ENS

Email adresse : ediontionsens@gmail.com

Internet Site: www.editionsens.com

Chef de projet :

Natatsha Casimir

Conception de la couverture du livre : Elle-Camay C.

Reason et Max Casimir Infographie de la page couverture :

Elle-Camay C. Reason

Photographie, Maquillage : Natatsha Casimir Conception

du site Internet : Elle-Camay C. Reason

© 2001, Éditions Nouveau Siècle and Enice Toussaint

© 2004, Éditions Nouveau Siècle et Enice Toussaint pour la

traduction en anglais

Copyright

Editions Nouveau Siècle ENS

Dépôt légal – 1er trimestre 2025 Bibliothèque Nationale du

Québec

Bibliothèque Nationale du Canada

Numéro ISBN : 978-2-9823179-1-8 -ebook Numéro ISBN :

978-2-9823179-0-1 -imprimé

En mémoire de ma mère.

Pour mes enfants Natatsha et Max qui m'ont aidé à réaliser ce projet d'écriture.

À mes petits-enfants que j'adore. Puissent-ils garder le souvenir de chaque vie et ainsi apprendre la persévérance.

Votre vie peut être remplie de joies et de satisfactions. Nous ne pouvons pas laisser les obstacles détruire le bien-être et le bonheur. Nous ne sommes vaincus que si nous acceptons la défaite.

Martin Gray

Le Livre de la Vie

Table Des Matières

Éditions Nouveau Siècle 3

Martin Gray 7

Avant-Propos 3

Prologue 6

16 Mai 1989 6

Samedi 27 avril 1997 7

3 mai 1997 8

21 mai 2000 8

1 10

Première Vie 10

Une Enfance Heureuse 10

Avec ma famille à Miragoâne, Haïti 11

Ma mère et notre famille 11

Mon père 12

Notre maison à Miragoâne 13

Réflexions	14
Irène, Robert et moi	15
Nos jeux d'enfance et notre lien	16
De doux souvenirs	17
Réflexion	18
À l'école	18
Le trajet vers et depuis l'école	19
Vie et souvenirs de l'école	20
Réflexions	21
Première vie. Une enfance heureuse Nounoune et jours fériés	21
Traditions de Noël	22
Célébrations du Nouvel An	23
Une fête moins joyeuse : Mardi Gras	24
Réflexions	24
Mort de la mère	24
Ses dernières heures	26
Les actualités	26
Craintes inexprimées	27

L'héritage de la perte 28

Mort.. 28

2. 30

Mes amis et l'adolescence... 31

La vie après la mort de maman 32

Un nouveau chapitre... 33

3. 35

Troisième Vie 35

La Maison De Tante Anna 35

Une année difficile 36

Une trahison découverte 37

Le voyage de retour.. 38

Confrontation et résolution... 38

Réflexions.. 39

4. 40

Chez tante Dieula 41

Premier amour.. 42

Un rêve qui a tout changé... 42

Un nouveau départ 43

5. 45

Mon arrivée au couvent 46

Redécouvrir la joie 46

Un phare de lumière 47

Un havre de paix 48

La ville de Miragoâne 48

Ma vie avec les sœurs 51

Grandir avec les religieuses 54

6. 63

Jeunes mariés à Miragoâne 64

La naissance de Max 67

7. 72

Une déclaration inattendue 73

Le début d'une double vie 75

   Énice 75

Légende des photographies en couleurs 80

Page avant 82

L'amour naissant 86

8. 89

Premiers pas à New York 90

Difficultés à New York 95

Une réunion secrète 100

Nounou dans le Connecticut 103

Retrouvailles avec mon fils 108

9. 112

Neuvième Vie 112

Passage Par Haïti 112

Rencontre avec Jacques à Haïti 113

10. 117

La rue Saint-Denis avec Tony 118

Bitou Et Sa Petite Soeur 123

Mon premier Noël à Montréal 127

Longueuil 132

Jacques à Montréal 135

11. 138

Le bonheur, la tristesse et l'amour 139

Le fruit de l'amour 144

Un autre mouvement 149

Une grossesse difficile 152

La naissance de ma fille 155

Le baptême de Natatsha 161

Retour à Mon entreprise 167

12. 173

À Ville d'Anjou 174

Quelques nouveaux changements 178

La séparation 181

ÉPILOGUE 186

Une sorte de conclusion 186

Générique 189

L'épouse d'Alain 189

Tantes 189

Dadia, la sœur de mon père 190

La mère de Dadia 190

Oncle (côté maternel) 190

Amis de ma mère 190

La maîtresse de mon père 190

Enseignant (école primaire) 190

Religieuses (en Haïti) 191

Employés de la religieuse 191

Témoins du 1er mariage 193

Servants (Haïti) 193

Séjour À New York 193

Generique 195

La fille de Viviane 195

Parents de Tony 195

Le bébé de Viala 196

    Où en sommes-nous ? 197

    Max (Bitou) 197

Remerciements 199

Commentaires Des Lecteurs 201

    Sœur Berthe 201

Dany Laferrière 201

Anne, lectrice et amie 202

Gerda C. 203

Maude Martineau 203

Anne, lectrice et amie 203

Lionel Jean 204

Gerson 205

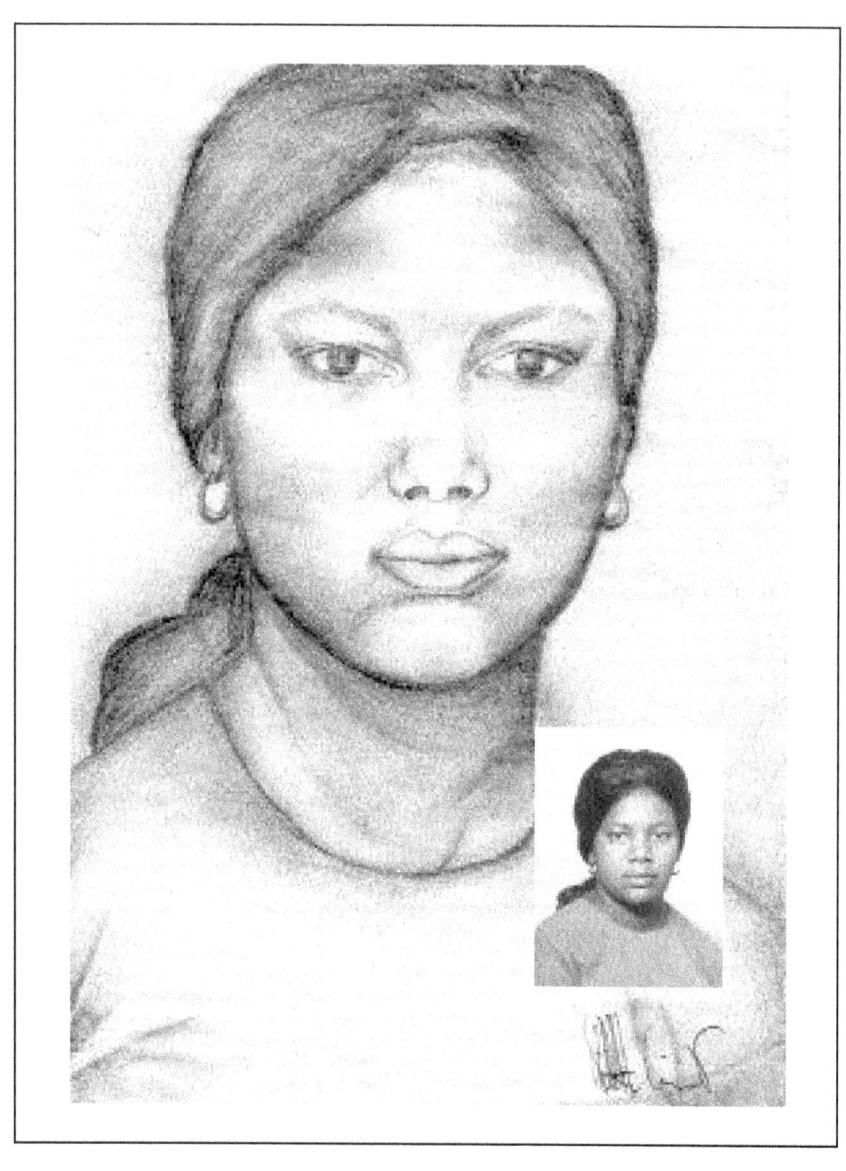

Dessin d'Enice par sa fille Natatsha, 1997

Ce livre est basé sur une histoire vraie.

Tous les noms des personnages mentionnés sont fictifs.

Avant-Propos

Pourquoi *une femme, parmi d'autres* ? Parce que c'est une histoire humaine. Une histoire incroyable, peut-être ordinaire, cependant, comme sont vécues et ont été vécues par de nombreuses femmes dans le monde. Pourquoi douze vies ? Comme un chat qui se pose sur ses pattes... avec trois vies supplémentaires à ses neuf d'origine.

Ce livre est le premier journal de mémoires écrites de 1989 à 1999 par Enice Toussaint, une femme simple et au grand cœur qui a traversé les cinquante premières années de sa vie guidée par les circonstances, les rencontres, les voyages et aussi les joies, en s'accrochant toujours à la foi et au sens de la famille qui est devenu rare à notre époque.

C'est en août 1999 que j'ai rencontré pour la première fois Enice, accompagnée de sa fille Natatsha, dans un café de la Côte-des-Neiges. Nous avons parlé de collaborer à la publication de son premier livre, et quand est venu le moment de me remettre son manuscrit, pleine d'appréhension, elle m'a néanmoins remis son trésor : deux cahiers à spirale remplis d'écritures compressées et de pages lignées mûries à force d'être tournées et tournées. Immédiatement, j'ai perçu dans son geste le caractère sacré et la douleur contenus dans ces journaux ; Cela m'a convaincu de collaborer à ce projet d'édition.

Au début du livre, nous avons conservé des passages datés afin de nous familiariser avec le texte tel qu'il apparaissait à l'origine dans les deux carnets, sous forme de journal de mémoire personnelle. J'espère que les lecteurs apprécieront cette histoire de liberté, en toute simplicité, autant que j'ai apprécié de la relire avec son

Auteur – peut-être une femme parmi d'autres, une femme, cependant, qui a trouvé un moyen de devenir elle-même et d'affirmer son identité dans sa propre vérité qui se définit elle-même.

Julie Martineau Décembre 2001

Prologue

16 Mai 1989

D'aussi loin que je me souvienne, j'ai toujours pensé à écrire l'histoire de ma vie. C'était toujours une idée fugace, quelque chose que je voulais faire mais que je n'ai jamais commencé. Maintenant que mes enfants ont grandi et que j'ai commencé à partager des morceaux de ma vie avec eux, leurs encouragements, en particulier de Max, ont ravivé ce désir.

Quand j'étais petite, sœur Berthe m'a offert un journal intime pour mes treize ans. Ce journal est devenu un dépositaire de mes expériences de vie, depuis la période précédant le décès de ma mère jusqu'à mon retour final de New York. Des années plus tard, mon deuxième mari a lu ce journal et a choisi de le brûler, affirmant qu'il était trop rempli de tristesse. J'ai essayé d'expliquer qu'il y avait aussi des moments de joie, mais le mal était fait. Son acte m'a donné l'impression qu'une partie de moi avait été effacée à jamais.

Même après cette perte douloureuse, l'idée d'écrire mon histoire a persisté. Je savais que ce ne serait pas facile, mais cela me semblait nécessaire, un moyen de récupérer et de préserver ces morceaux de moi-même. Maintenant, je suis déterminé. J'aurai besoin de chance et de moments de solitude. Et peut-être une chance de m'évader en ma propre compagnie pour trouver de la clarté et de l'inspiration.

Samedi 27 avril 1997

Ce matin de printemps n'était pas comme les autres. Je me suis réveillée tôt dans le couvent où je suis restée pendant un mois, un refuge temporaire pour réfléchir et trouver la paix intérieure. Pourtant, la paix me semble insaisissable, comme si une partie inconnue de moi-même m'empêchait d'être vraiment entière.

En quête de réconfort, je me suis tournée vers ma mère adoptive, sœur Berthe des Sœurs de la Sagesse, et lui ai demandé de m'aider à trouver une retraite. Ici, dans cette modeste maison religieuse, j'espérais me

sentir plus proche de Dieu, chercher sa direction alors que je naviguais dans les ombres de ma vie. La matinée a commencé simplement : je me suis levé, j'ai pris une douche, j'ai rejoint les autres pour le petit-déjeuner et j'ai participé à la messe du samedi. Pendant le service, j'ai remercié Dieu pour la force et la grâce qui m'ont porté jusqu'ici. De retour dans ma chambre, un curieux mélange de joie et de malaise m'a envahie. Assis près de la petite fenêtre, je contemplais le monde en dessous – un quartier animé par les gens, la nature et l'agitation tranquille de la vie.

La beauté de tout cela était écrasante : le ciel bleu pur, les arbres prêts à fleurir et le bourdonnement rythmé des gens qui vivent leur vie. C'est à ce moment-là, en observant la scène devant moi, que j'ai ressenti une étincelle divine, une clarté. J'ai réalisé que mon histoire était prête à être écrite, non forcée mais laissée couler naturellement. Avant de pouvoir avancer dans l'avenir, j'avais besoin de revisiter le passé une dernière fois, de l'affronter, de guérir et de faire la paix.

3 mai 1997

Aujourd'hui, le poids de mes souvenirs était plus lourd que d'habitude. Je me suis réveillé tôt, l'estomac serré par le malaise. Mes pensées se sont attardées sur la tristesse qui a marqué ma vie, la douleur de perdre ma mère et les innombrables luttes qui ont suivi. Chaque souvenir me fait l'effet d'une blessure que j'hésite à toucher, mais je sais que je dois le faire. Écrire mon histoire est une façon d'honorer ma maman et, peut-être, une façon de me guérir. Le processus semble intimidant, mais je suis déterminé à persévérer.

21 mai 2000

La Boule, Port-au-Prince
C'est le jour des élections en Haïti, et les rues sont étrangement

calmes. Par précaution, nous sommes restés à l'intérieur. Après des heures d'écriture, je me suis aventuré dans la cour, un espace serein entouré de fleurs et d'arbres, niché sur fond de montagnes boisées et de demeures seigneuriales. C'était comme entrer dans un rêve, un moment de paix qui semblait presque sacré.

Le ciel bleu s'étendait tout près, comme si je pouvais tendre la main et le toucher, et j'ai ressenti un profond sentiment de liberté. Dans ce calme, mes pensées se sont animées et j'ai ressenti un but renouvelé. L'écriture et la vie sont intimement liées, et à ce moment-là, je me suis sentie capable d'embrasser les deux.

1

Première Vie

Une Enfance Heureuse

Avec ma famille à Miragoâne, Haïti

Enfant, j'avais un ami imaginaire. Elle n'était pas seulement une compagne de jeu, mais quelqu'un en qui j'avais une profonde confiance, se confiant à elle chaque fois que je rencontrais des problèmes. Elle semblait toujours avoir les réponses, me guidant quand j'avais besoin de direction. À l'époque, je croyais qu'elle était mon ange gardien. Aujourd'hui, à l'âge adulte, elle reste une présence constante. Elle a vieilli avec moi et continue de me donner des conseils. Lorsque je résiste à ses conseils, elle devient mécontente, ce qui me fait soupçonner qu'elle pourrait être une autre version de moi-même, une partie de moi que je n'ai pas encore complètement comprise.

Briser le mur en moi me semble être une tâche impossible. Chaque tentative me bloque, mais je sais que je dois essayer. Cette division, cette division dans mon âme, a besoin d'être guérie.

Ma mère et notre famille

Ma mère, Estelle, est née dans une famille respectable dans un village près de Miragoâne. C'était une femme dévouée, avec un fort caractère et un cœur généreux. Malgré une éducation limitée, elle a élevé six enfants, trois garçons et trois filles, ce qui nous a permis de grandir dans un foyer aimant et discipliné.

Quand elle a rencontré mon père, il avait déjà trois enfants avec d'autres femmes. Pourtant, ma mère, qui avait des principes et qui était inébranlable, refusait de se donner à lui à moins qu'ils ne soient mariés. Mon père, un charmant homme à femmes, s'est exécuté. Après leur mariage, ma mère a insisté pour que ses enfants issus de relations précédentes, en particulier une jeune fille nommée Claire, reçoivent une éducation correcte et soient amenés à vivre avec nous.

Ma mère était une femme aux multiples talents, couturière, marchande et surtout nourricière. Elle prenait nos études au sérieux, rencontrant souvent notre directrice, Sœur Berthe, pour discuter de nos progrès. Elle s'occupait des pauvres, les accueillait chez nous tous les samedis pour la nourriture et les vêtements, et traitait notre personnel de maison avec gentillesse et respect, les considérant comme faisant partie de la famille.

Elle était aussi profondément spirituelle. Notre maison avait une petite chapelle où nous priions ensemble tous les soirs. Sa foi et son amour s'étendaient également à tous ses enfants, biologiques et autres. Nous n'avons jamais manqué de quoi que ce soit de son vivant, et son absence reste une perte profonde.

Mon père

Mon père, Frantz, était un personnage frappant – beau, bien soigné et plein d'esprit. Il venait d'une famille nombreuse et était bien éduqué, une rareté à l'époque. Bien qu'il ait une nature enjouée et qu'il aimait nous chouchouter, il était aussi un homme haïtien traditionnel, profondément enraciné dans les normes patriarcales de notre société.

Il gagnait sa vie en voyageant de ville en ville, souvent absent pendant la journée, mais apportant joie et indulgence lorsqu'il rentrait chez lui le

soir. Ma mère le réprimandait souvent parce qu'il nous gâtait et ignorait nos bêtises, mais il répondait toujours par un sourire en disant : « Laissez-les faire ; Je ne les vois pas souvent.

Bien que mes parents se disputaient rarement devant nous, les yeux vagabonds de mon père mettaient souvent à l'épreuve la patience de ma mère. En Haïti, de nombreux hommes ont des enfants avec plusieurs femmes, une norme culturelle qui cause une souffrance silencieuse entre les épouses. Mon père n'a pas fait exception, mais il nous aimait à sa manière, veillant à ce que nous grandissions dans un environnement sûr et prospère.

Notre maison à Miragoâne

Nous vivions dans deux maisons familiales, toutes deux débordantes de vie et d'amour. La première, située sur la Grande-Rue, était une petite mais charmante maison avec une boutique en face et une cour arrière remplie de plantes et d'un camélia blanc parfumé. C'est là que nous avons étudié, joué et partagé d'innombrables souvenirs.

La deuxième maison était plus spacieuse, avec un balcon haut, des meubles en acajou magnifiquement conçus et un grand miroir dans le salon que j'ai adoré. Les deux maisons reflétaient le travail acharné de mes parents et leur dévouement à subvenir à nos besoins. C'étaient des lieux de réconfort et de joie, où même les plus petits détails, comme les pigeons dans le jardin ou les voix des voisins par-dessus la clôture, faisaient partie de notre histoire.

Réflexions

En regardant en arrière, mon enfance à Miragoâne a été une tapisserie d'amour, de discipline et de résilience. La force inébranlable de ma mère et l'esprit léger de mon père ont profondément façonné notre famille. Malgré les défis, nous formions une unité très unie, liée par la foi, la tradition et un profond sentiment d'appartenance.

Mon voyage consiste maintenant à reconstituer ces souvenirs, à comprendre les rôles qu'ils ont joué dans la formation de qui je suis et à réconcilier les divisions en moi. C'est une tâche ardue, mais que j'aborde avec espoir et détermination.

Irène, Robert et moi

Je suis née le 1er octobre, à 10 heures du matin, un petit bébé frêle à la peau claire, aux yeux bruns et aux cheveux bouclés. Mes parents avaient espéré un garçon, surtout ma mère, car ils avaient déjà une petite fille, Irène. Pourtant, ils m'ont accueilli avec amour, un sentiment qui ne s'est jamais démenti, surtout après avoir eu deux fils, Robert et Julien. Tragiquement, Julien est décédé à l'âge de deux ans.

En grandissant, on m'a dit que j'étais une enfant maigre et maladive. Ma famille a souvent raconté le jour où je me suis évanoui pendant si longtemps que ma mère a cru que j'étais mort. Malgré ces défis, j'étais une petite fille sensible, timide et souvent en larmes qui aimait rire et jouer. Ma sœur Irène, toujours studieuse et sérieuse, me protégeait farouchement, et mon frère cadet Robert est devenu mon compagnon le plus proche. Ensemble, nous étions inséparables, partageant un lien qui s'est approfondi au fur et à mesure que nous jouions et rions tout au long de l'enfance.

Je me suis souvent senti attiré par les jeux auxquels Robert et ses amis jouaient. Un après-midi, alors que je jouais avec eux, j'ai marché sur une vis qui s'est logée profondément dans mon pied. Au début, je n'ai ressenti aucune douleur et j'ai continué, mais la situation s'est aggravée lorsque ma mère a remarqué que du sang jaillissait de mon pied. Sa panique a fait courir tout le monde, y compris les voisins, et un médecin a été appelé pour arrêter l'hémorragie. Bien que la crise soit passée, ma mère m'a grondé par la suite en disant : « Tu devrais jouer avec des poupées, pas avec des garçons. » Pourtant, ses paroles ont été rapidement oubliées et je suis retourné à mes jeux bien-aimés.

Nos jeux d'enfance et notre lien

J'aimais jouer à la mère et au père, sauter à la corde, courir, jouer à cache-cache et même construire des petites voitures avec Robert. Ces jeux étaient notre échappatoire, remplissant nos journées de joie et de rires. Le chant était un autre de mes amours : je fredonnais souvent des mélodies, même quand je ne connaissais pas les paroles. Mon bonheur était contagieux, et malgré ma fragilité, j'étais au cœur de nos moments de jeu.

Irène, bien qu'elle ne soit pas du genre à se joindre à nos jeux, était un pilier d'amour et de protection. Notre séparation après la mort de maman a été une blessure particulièrement douloureuse. Elle a été mon guide, ma protectrice et ma force constante pendant ces années de formation.

Robert, étant plus jeune, était mon ombre constante. Ensemble, nous avons navigué dans les petites aventures de notre enfance, formant un lien qui a résisté à toutes les tempêtes. Mes autres frères et sœurs, beaucoup plus âgés, étaient des figures de respect dans notre foyer, une valeur profondément enracinée dans les traditions familiales haïtiennes.

De doux souvenirs

Le sucre était ma faiblesse. Ma mère, marchande, achetait souvent des bonbons en vrac pour les revendre, et j'en glissais sous mon oreiller chaque soir. Ma sœur aînée Claire, toujours aux aguets, les trouvait et les emmenait, à mon grand désarroi. Les soirs où j'en abusais, je me convainquais que manger quelque chose de salé préviendrait le diabète – la logique d'un enfant pour apaiser sa conscience.

L'heure du coucher était toujours un moment de tendresse. Claire chantait des berceuses pour m'endormir, sa voix douce tissant des rêves dans la nuit :

« *Dodo ti pitit manman, si ou pa dodo, krab-la va manje-w. Dodo pitit, krab nan calalou"* (Dors, petite fille à maman, si tu ne dors pas, le crabe te mangera. Dors, mon petit, le crabe est dans le calalou).

Étant l'enfant fragile de la famille, j'étais souvent gâté avec mes aliments préférés : le poulet, le riz, les glaces et les sucreries. L'amour et l'indulgence de ma mère m'ont laissé un sentiment de chérissement, même si j'avais des problèmes de santé.

Réflexion

Avec le recul, mon enfance a été un mélange de rire, d'amour et de résilience. Malgré les difficultés, les liens que je partageais avec mes frères et sœurs, en particulier Robert et Irène, étaient indéfectibles. Ces moments, remplis à la fois de douceur et de tristesse, ont fait de moi la personne que je suis aujourd'hui. Ils restent un témoignage de la force durable de la famille et des joies simples de l'enfance.

À l'école

Mon premier jour d'école est un souvenir gravé à la fois de peur et d'excitation. Ma mère nous a accompagnés, Irène et moi, pour s'assurer que nous étions installés. Par la suite, Claire, ma sœur aînée, a pris la responsabilité de nous réveiller à 5h30 tous les matins. Bien que tôt, cela nous a laissé suffisamment de temps pour nous laver, prendre le petit-déjeuner et nous préparer pour la journée à venir. Une servante nous baignait et nous habillait, tandis que Claire s'occupait de nos cheveux. C'était souvent une source de tension, car je n'aimais pas les petites tresses qu'elle insistait pour faire. Je préférais mes cheveux lâchés avec un grand nœud sur le front, un look réservé aux dimanches, à l'église ou aux occasions spéciales. Au cours de la semaine, cependant, j'ai enduré les tresses, même si j'ai fait de mon mieux pour les éviter.

Chaque matinée d'école commençait à 7h00, les cours commençant une heure plus tard. Au début, j'ai eu du mal à m'adapter. Le tout premier jour, je me suis accroché à Irène, pleurant de manière incontrôlable quand ma mère est partie. Les religieuses, comprenant ma détresse, m'ont permis de m'asseoir dans la classe d'Irène pendant la première semaine jusqu'à ce que je trouve mes marques. Une fois que je me suis fait des amis, mes craintes se sont dissipées et l'école est devenue un lieu de joie et de découverte.

Le trajet vers et depuis l'école

Notre école, Notre-Dame de Lourdes, dirigée par les Sœurs de la Sagesse, était située dans la partie haute de la ville, rue Bel-Air. Le trajet de notre maison de Grande-Rue à l'école a été à la fois une aventure et un défi. Chaque jour, je descendais la rue Bel-Air, passant devant l'église où je faisais fidèlement le signe de croix, grimpais un grand escalier et arrivais à la maison à l'heure du déjeuner.

En vieillissant, mes amis et moi transformions ce voyage en une course, dévalant la rue Bel-Air et montant les escaliers avec une énergie débordante. L'amie de ma mère, qui vivait près de l'escalier, la mettait souvent en garde contre notre course imprudente en disant : « Un de ces jours, elle va se faire mal ! » Les réprimandes de ma mère ont temporairement freiné mon enthousiasme, mais assez vite, j'ai repris mes pitreries ludiques.

Vie et souvenirs de l'école

L'école elle-même était un endroit dynamique. Les classes de maternelle se déroulaient sous une grande tente au toit métallique, tandis que l'école primaire se trouvait à proximité. La récréation était un moment de rires et de jeux à l'ombre des grands arbres. Pendant les jours les plus chauds, les heures d'école étaient réduites à des demi-journées et la pluie apportait souvent des vacances inattendues. Malgré la fermeture des écoles, les enfants se rassemblaient toujours pour jouer, et je ne faisais pas exception.

À la maternelle et en première année, j'ai été enseignée par des religieuses qui m'ont laissé une impression durable. L'une de mes enseignantes préférées, Mademoiselle Martine, se démarquait par son élégance et son équilibre. Son apparence impeccable et son attitude digne nous ont captivés. Mes amis et moi imitions souvent ses manières dans nos cachettes secrètes, rêvant de devenir aussi gracieux qu'elle. À bien des égards, j'aspirais à l'imiter, bien que son austérité soit une qualité que je n'ai jamais vraiment adoptée.

Réflexions

Mes années d'école ont été marquées par la croissance, tant sur le plan académique que personnel. Des larmes nerveuses de mon premier jour à la confiance acquise grâce aux amitiés et au jeu, ces premières expériences ont façonné mon caractère. L'influence de figures inspirantes comme Mademoiselle Martine, couplée aux rituels quotidiens de la vie scolaire, m'a inculqué un sens de la discipline et un amour de l'apprentissage. Ces souvenirs restent une partie précieuse de mon parcours.

Première vie. Une

enfance heureuse

Nounoune et jours fériés

J'ai toujours chéri mon surnom, « Nounoune », que mon père m'a donné. C'est devenu un terme affectueux que ma famille utilisait souvent, surtout lors des moments de joie. Mon frère Alain, cependant, avait un surnom différent pour moi : « Bout fè ». Cela vient de mon enfance, quand j'étais mince, énergique et que je jouais dur, usant souvent mes vêtements et mes chaussures. Alain plaisantait en disant que j'étais aussi dur qu'un morceau de fer, un nom qui persiste encore.

Traditions de Noël

Les Noëls de l'enfance étaient magiques dans notre foyer. Mon père se rendait souvent à Port-au-Prince pour acheter des marchandises pour le magasin de ma mère, rapportant une abondance de jouets et de cadeaux. L'effervescence a commencé un mois avant Noël avec une tradition unique : les marchands organisaient des loteries. Ma mère et ma sœur Claire y ont participé, installant une table sur notre balcon couverte d'objets numérotés comme des jouets et des bibelots. Les clients tiraient des numéros pour avoir une chance de gagner. J'ai adoré l'atmosphère animée, la cloche qui sonne et la joie festive.

Noël chez nous s'accompagnait d'une condition : de bonnes notes. Mes parents nous prévenaient, surtout mon frère et moi, que de mauvais résultats scolaires signifiaient pas de cadeaux. Pourtant, quelles que soient nos notes, nous trouvions toujours des cadeaux au pied de nos lits le matin de Noël. Ma mère disait : « Le Père Noël a dit que ce n'était pas trop mal cette année, mais l'année prochaine, il faudra faire mieux. »

Un Noël inoubliable à l'école a impliqué le Père Noël lui-même. Le frère de Sœur Berthe, venu du Canada, s'est déguisé en Père Noël et a distribué des cadeaux. La vue de lui dans son costume rouge et retentissant « Ho ! HO! Ho ! nous a laissés stupéfaits. Nous avons chanté « Petit papa Noël » et nous avons fait la queue pour recevoir nos cadeaux. Ce moment a cimenté ma croyance en la magie de

Noël, un sentiment que je porte encore aujourd'hui. Mon mari me taquine souvent sur le fait que je me comporte comme une enfant pendant les vacances, mais j'embrasse la joie et l'émerveillement de la saison.

Célébrations du Nouvel An

Le jour de l'An était une autre fête très appréciée en Haïti. Les préparatifs ont commencé des semaines à l'avance avec des maisons repeintes et nettoyées. Le soir du Nouvel An, les familles se sont livrées à un nettoyage en profondeur toute la nuit pour accueillir la nouvelle année avec une maison étincelante. Les traditions du matin comprenaient le café et le giraumont, avec les voisins échangeant des plats. La journée a été remplie de gâteaux, de liqueurs fortes et de rires alors que les enfants, vêtus de nouveaux vêtements, visitaient les maisons pour partager leurs vœux du Nouvel An et recevoir des friandises.

Le 2 janvier, en revanche, était une célébration axée sur les adultes, mettant en vedette la dinde et des rassemblements plus calmes. Si les festivités ont marqué le renouveau et l'espoir, elles ont également approfondi les liens communautaires grâce aux traditions partagées et à la générosité.

Une fête moins joyeuse : Mardi Gras

Alors que Noël et le Nouvel An apportaient de la joie, Mardi Gras était une saison de peur pour moi. Chaque dimanche, un sentiment d'effroi m'envahissait à l'approche du festival. Je me cachais sous le lit, le cœur battant, incapable de me débarrasser de mon malaise. Les célébrations vibrantes, si appréciées par d'autres, m'ont laissée anxieuse et mal à l'aise.

Réflexions

Les vacances de mon enfance étaient un mélange de joie, de tradition et d'appréhension occasionnelle. De la chaleur des réunions de famille à la magie de Noël et à l'unité du Nouvel An, ces moments restent gravés dans ma mémoire. Même les expériences les plus difficiles, comme ma peur de Mardi Gras, ont façonné la tapisserie de mon enfance. Ils me rappellent l'importance de préserver les traditions et la beauté des célébrations partagées, quelle que soit leur évolution au fil du temps.

Mort de la mère

« Ne soyez pas tristes de ce que vous avez perdu.

Soyez reconnaissants de l'avoir eu.

– Saint Augustin

En 1956, ma mère était enceinte et notre maison bourdonnait d'excitation. Mes frères et sœurs, Irène, Robert et moi, attendions avec impatience l'arrivée du bébé. L'idée d'avoir un nouveau frère ou une nouvelle sœur remplissait nos cœurs de joie. Pourtant, au milieu de ce bonheur, une ombre se profilait. Mon père a entamé une liaison avec une femme beaucoup plus jeune, la sœur d'un des amis proches de ma mère. Naïvement, ma mère est restée inconsciente de cette trahison, accueillant même la femme chez nous sous couvert d'amitié. Elle était loin de se douter que cette femme, Vanité, cherchait à prendre sa place dans tous les sens du terme, allant même jusqu'à recourir à des pratiques néfastes comme la magie pour éliminer ma mère.

Le dernier jour que j'ai passé avec ma mère était un dimanche de printemps de mai, la fête des mères en Haïti. Nous lui avions offert un cadeau ce matin-là, et elle rayonnait de joie. J'ai joué avec ses beaux cheveux ondulés, les bouclant doucement à sa demande, heureuse d'être juste près d'elle. Pourtant, je me rends compte maintenant qu'elle devait savoir que son heure était proche. À un moment donné, elle a fait remarquer : « Regardez comme mes mains et ma peau sont blanches. Ne pensez-vous pas que c'est parce que je n'ai plus beaucoup de sang ? Bien que ses mots fassent allusion à l'hémorragie qu'elle avait endurée, ceux qui l'entouraient l'ignoraient à la légère. J'étais trop jeune pour comprendre la gravité de son état.

Ses dernières heures

Ce soir-là, la santé de ma mère s'est détériorée et elle a été transportée d'urgence à l'hôpital de Paillant. À la tombée de la nuit, la décision a été prise de la transférer à Port-au-Prince pour des soins spécialisés. Avant de partir, elle a donné des instructions à ma sœur Claire sur l'argent et a rappelé aux voisins de veiller sur nous. Ses dernières paroles à mon frère et à moi étaient remplies d'amour et de sagesse, nous exhortant à être gentils et bons envers les autres. Même lorsqu'elle est partie, je me suis accroché à l'espoir qu'elle reviendrait avec notre petit frère.

Alors que nous étions allongés dans notre lit cette nuit-là, une mouche persistante bourdonnait autour de la pièce, nous empêchant de dormir – un détail étrange et troublant qui reste vif dans ma mémoire. Le lendemain matin, je suis allée à l'école vêtue de mon uniforme d'éclaireuse, me préparant pour une fête. Pourtant, mon esprit était consumé par les pensées de maman.

Les actualités

Vers 10 heures, quelqu'un est arrivé à l'école pour annoncer la nouvelle dévastatrice. Je fus appelée au bureau de la directrice, où sœur Berthe me l'annonça doucement : ma mère était décédée. En rentrant chez moi, j'ai remarqué les visages sombres et les cris étouffés des voisins. Cette prise de conscience m'a frappé comme un raz-de-marée : maman était partie pour toujours.

Contrairement à ma sœur Irène, qui pleurait et gémissait ouvertement, j'étais frappée de silence par le poids de mon chagrin. Je ne pouvais ni pleurer ni crier ; La douleur était trop accablante. Alors que la maison se remplissait de personnes en deuil, je me sentais détachée, comme si je vivais dans un autre monde. Ce jour-là a marqué la fin de ma première vie, un tournant après lequel plus rien n'a jamais été pareil.

Craintes inexprimées

Dans les jours qui ont précédé sa mort, il y avait eu des signes, peut-être des présages, qui laissaient entrevoir une issue tragique. Un samedi, alors que nous travaillions dans la boutique de ma mère, un objet particulier est tombé près d'elle. Il s'agissait d'un paquet d'épingles, de piments et d'autres objets associés à des malédictions. Ma mère l'a ordonné de le jeter et a interdit à quiconque d'en parler à mon père. À partir de ce jour, sa santé a commencé à décliner.

Elle s'est confiée à un voisin sur les cauchemars récurrents d'une bête qui lui déchire l'abdomen. Les rassurances de foi de la voisine ne pouvaient pas la protéger de l'obscurité grandissante. En réfléchissant à ces événements plus tard, j'en suis venu à comprendreles forces qui travaillaient contre elle, à la fois physiques et spirituelles.

L'héritage de la perte

La mort de ma mère a été une perte profonde qui a changé le cours de ma vie. Sa force, sa gentillesse et son amour restent gravés dans ma mémoire. Même dans ses derniers instants, elle a pensé à ses enfants et m'a donné des leçons qui continuent de me guider. La douleur de la perdre ne s'estompera jamais, mais son héritage perdure dans les valeurs qu'elle nous a inculquées.

Mort

« Pourquoi la mort ? La mort, l'inacceptable, qu'il faut apprendre à accepter.

La mort est une réalité indéniable, mais elle semble insupportable. Elle existe autour de nous et en nous, une force qui nous enlève inévitablement ce que nous avons de plus cher. Nous ne devons pas nous leurrer en croyant que nous sommes à l'abri de sa portée. Il viendra, laissant des cicatrices qui restent vives et vivantes, nous marquant à jamais. Et pourtant, à l'ombre de la mort, nous devons trouver un moyen de vivre.

La mort d'un être cher est ressentie comme un cyclone, vous

entraînant dans son chaos, menaçant de vous noyer dans le chagrin. Mais nous ne pouvons pas nous permettre de rester piégés. La survie n'est pas seulement une nécessité, mais un acte de fidélité envers ceux qui sont décédés. S'enfermer dans le chagrin déshonore leur mémoire. Au lieu de cela, nous devons nous efforcer de vivre comme ils auraient vécu, de continuer le voyage qu'ils ne peuvent plus faire.

Pour honorer les défunts, nous devons garder leur essence vivante en nous. Nous devons porter leurs visages, leurs voix et leurs pensées dans l'avenir, en les transmettant aux autres. À travers nous, leurs vies écourtées peuvent porter des fruits perpétuels, créant un héritage qui survit à la douleur de leur absence.

2

Deuxième Vie

Après La Mort De

Maman

Mes amis et l'adolescence

J'étais une petite fille fragile et naïve qui est devenue une adolescente à la fois volontaire et sensible. Mon innocence et ma peur ont persisté alors que je passais beaucoup de temps avec mon frère Robert et ses amis, qui étaient pour la plupart des garçons. Parmi eux, il y avait Sylvain, qui avait des sentiments pour moi. Bien que j'aurais pu rendre la pareille, j'étais trop jeune et je n'étais pas préparé à de telles émotions.

Parmi mes quelques amies proches, il y avait Violette, la fille de ma marraine Ruth. Notre amitié s'est estompée après un conflit, nous laissant éloignés pendant des années. En revanche, Doris était comme une sœur pour moi. Elle a endossé le rôle de compagne de jeu que ma soeur studieuse Irène n'a jamais rempli. Doris et moi étions inséparables, jusqu'à ce qu'un événement brise ma confiance en elle.

Doris était pleine de vie, enjouée et beaucoup plus ouverte d'esprit que moi. Moi, vulnérable et impressionnable, j'ai suivi son exemple sans poser de questions. Une fois, lors d'une soirée pyjama chez elle, Doris a essayé de m'embrasser. Stupéfait, je l'ai laissée faire un bref instant avant de m'éloigner. Elle a essayé de me convaincre que c'était normal entre amis, mais j'ai résisté, soulagé quand d'autres dans la pièce ont interrompu sa persévérance. À partir de ce jour, j'ai juré de ne plus jamais partager un lit avec un autre ami, une promesse que j'ai tenue.

Bien que notre amitié ait duré brièvement, ma perception de Doris a été modifiée à jamais. Elle m'a souvent causé des ennuis, y compris en me faufilant à la campagne sans en informer personne. Cette escapade m'a valu deux réprimandes sévères de la part de mes sœurs. Doris a déménagé à Port-au-Prince quand nous avions 11 ans, et bien que notre amitié ait pris fin, les leçons de ces années sont restées avec moi. Ma nature confiante m'a souvent rendu vulnérable à l'influence, un trait qui a façonné bon nombre de mes expériences.

La vie après la mort de maman

Après le décès de ma mère, la maison de mon enfance est devenue l'ombre de ce qu'elle était autrefois. Ma sœur Claire, que nous appelions « Ma Tante » par respect, s'est occupée de nous jusqu'à son mariage. Mon père, qui vivait maintenant avec sa maîtresse Vanité, nous rendait rarement visite, nous laissant aux soins d'une servante et de l'amie de notre mère, tante Dieula.

Tante Dieula, une femme forte et religieuse, est devenue notre bouée de sauvetage. Elle possédait une boulangerie et nous fournissait du pain et des fournitures chaque semaine, s'assurant que nous avions assez à manger. Malgré son attitude sévère, elle avait un cœur généreux et nous

divertissait souvent avec des histoires. C'était une figure complexe, impitoyable envers ceux qui la croisaient, mais farouchement protectrice de ceux dont elle s'occupait.

L'absence de mon père a aggravé nos difficultés. Bien que maman nous ait laissé de l'argent et des biens, ils ont mystérieusement disparu. Ses affaires et ses biens ont également disparu. Le vide qu'elle a laissé était rempli de tristesse et de nostalgie. La décision de mon père d'installer Vanité dans la maison de maman n'a fait qu'alimenter mon ressentiment envers lui, une amertume que j'ai portée pendant des années.

Quand mon père est tombé malade, il a demandé à me voir. À contrecœur, je lui ai rendu visite. Son supplication murmurée pour le pardon a adouci ma colère. Je l'ai embrassé, lui accordant le pardon qu'il cherchait. Il est décédé peu de temps après, et avec sa mort, un lourd fardeau s'est enlevé de mon cœur.

Un nouveau chapitre

Après la mort de mon père, mes frères et sœurs et moi avons été dispersés. Irène a déménagé à Port-au-Prince pour poursuivre ses études, Robert est allé vivre avec notre oncle Joseph, et je suis restée chez tante Dieula pour finir l'école primaire. Ces séparations étaient douloureuses, mais elles soulignaient l'importance de l'éducation, une valeur que ma mère nous avait inculquée.

Finalement, la sœur de ma mère, Anna, m'a amenée à Port-au-Prince pour poursuivre mes études. Elle a promis que nous retrouverions Robert, et bien que ses intentions n'aient peut-être pas été purement désintéressées, j'étais ravi de partir pour la capitale. Avec un cœur d'orphelin, je m'accrochais à l'espoir de trouver un semblant de famille et de réconfort dans ce nouveau chapitre de ma vie.

3

Troisième Vie

La Maison De Tante Anna

Une année difficile

Vivre dans la maison de tante Anna à Port-au-Prince a été une expérience profondément malheureuse. Sa maison était exiguë, avec une grande pièce séparée par un paravent. Alors que ses enfants, Suzie et ses deux fils, dormaient dans un lit, nous étions relégués au sol. J'étais terrifié à l'idée de dormir là, mais je n'avais pas le choix. Tante Dieula avait généreusement envoyé des provisions et de l'argent pour l'éducation de mon frère et la mienne, mais tante Anna a utilisé ces ressources pour ses propres enfants, nous laissant avec des miettes. Elle a cuisiné des repas en deux lots : un pour ses enfants avec les meilleures fournitures, et un autre avec des restes pour nous. Même l'argent destiné à notre éducation a été dépensé pour la scolarité, les vêtements et les chaussures de ses enfants.

Lorsque tante Anna a déménagé dans une maison plus grande, mes espoirs d'avoir enfin un lit pour dormir ont été anéantis. Au lieu de cela, elle a annoncé qu'elle accueillait des locataires et que nous continuerions à dormir sur le sol du salon. Un soir, elle m'a dit que si je voulais dormir dans un lit, je devais le partager avec l'un des pensionnaires et « faire tout ce qu'il me demandait ». Horrifié, j'ai refusé et j'ai déclaré : « Je suis venu ici pour l'école, pas pour ça. Je préfère dormir par terre ou mourir. Furieuse, elle me condamna à retourner au sol, où l'amertume et le désespoir devinrent mes compagnons constants.

Une trahison découverte

Les jours se sont transformés en semaines, et j'ai remarqué que pendant que les autres enfants allaient à l'école, je restais à la maison. Chaque fois que je demandais à tante Anna quand je commencerais l'école, elle me répondait d'un revers de main avec de vagues promesses de « demain ». Finalement, elle m'a annoncé qu'elle m'emmènerait m'inscrire. Suzie m'a escorté jusqu'au bureau du directeur, mais quand je suis entré, j'ai réalisé l'horrible vérité : ma tante s'attendait à ce que je me prostitue pour obtenir une place à l'école.

Sous le choc, je suis retourné en courant à la maison de tante Anna, mais j'ai été accueilli par une gifle de Suzie. Elle a essayé de me forcer à revenir, mais j'ai refusé. Submergée de tristesse et de colère, je me suis enfuie chez Madame Médé, la mère de tante Dadia, et j'ai raconté mon histoire. Suzie m'a suivi pour me chercher, mais quand tante Anna est arrivée, je me suis accroché à la rampe de l'escalier, subissant les coups de son morceau de bois sans me lâcher. Épuisée, elle a fini par abandonner, et j'ai saisi l'occasion pour lui dire : « Je pars pour Miragoâne ».

Le voyage de retour

Le lendemain, accompagné de tante Anna, je me rendis à la gare avec mon frère Robert. Mais il s'enfuit de peur et se réfugia chez l'oncle Joseph. Seule, je suis retournée à Miragoâne avec tante Anna et je suis allée directement chez ma sœur Claire, espérant de l'aide. À ma grande consternation, Claire a refusé de me laisser rester, insistant avec colère pour que je retourne à Port-au-Prince avec tante Anna.

Le cœur brisé, j'ai cherché tante Dieula, la seule personne que je savais qui prendrait soin de moi. Elle m'a accueilli à bras ouverts, m'a baigné et nourri, et m'a offert la sécurité dont j'avais désespérément besoin. Cette nuit-là, alors que j'étais allongé dans mon lit, mes ennuis se sont momentanément estompés. J'avais trouvé du réconfort auprès de quelqu'un qui me traitait comme la sienne.

Confrontation et résolution

Le lendemain, Claire et tante Anna sont arrivées pour me ramener à Port-au-Prince. Cependant, tante Dieula tint bon. « Enice reste avec moi », déclara-t-elle. « N'as-tu pas honte de tout ce que la mère d'Enice a fait pour toi ? Vous voudriez qu'elle revienne à Port-au-Prince pour se prostituer ? J'ai honte de vous, Claire.

Elle se tourna alors vers tante Anna et lui demanda : « Rendez-moi l'argent que j'ai envoyé pour l'éducation d'Enice et de Robert. Elle est mince et m'a parlé de la façon dont vous l'avez traitée. Comment as-tu pu faire cela aux enfants de ta propre sœur ? N'ayant plus d'argent, tante Anna a été forcée d'accepter des fonds supplémentaires de tante Dieula pour retourner à Port-au-Prince. Pour la première fois depuis des mois, j'ai ressenti un sentiment de justice et de soulagement.

Réflexions

L'année que j'ai passée avec tante Anna a été l'une des périodes les plus difficiles de ma vie. Cela m'a appris la trahison et la résilience, la cruauté de ceux qui devraient nous protéger et la gentillesse de ceux qui se soucient vraiment de nous. Bien que les cicatrices de cette époque demeurent, le soutien indéfectible de tante Dieula m'a rappelé que même dans les moments les plus sombres, l'amour et la compassion peuvent prévaloir.

4

Quatrième Vie

Retour A Miragoâne

Chez tante Dieula

Le retour dans la maison de tante Dieula à Miragoâne a été un soulagement par rapport aux années précédentes de difficultés. La vie là-bas n'était pas idéale, mais elle était tolérable, d'autant plus que personne d'autre ne voulait de nous. Peu de temps après mon arrivée, ma sœur Irène, qui étudiait les soins infirmiers aux Cayes, est tombée malade. Naturellement, elle s'est tournée vers tante Dieula pour obtenir de l'aide. Fidèle à son caractère, tante Dieula a payé les soins médicaux de ma sœur, et une fois rétablie, Irène est restée avec nous pendant quelques mois avant de déménager à Port-au-Prince pour vivre avec une autre tante, l'une des sœurs de mon père.

La maison de tante Dieula était modeste, à l'image de son mode de vie simple, que nous respections. Elle était stricte et avait une forte personnalité, disant souvent ce qu'elle pensait, peu importe qui était autour. Malgré sa sévérité, j'ai apprécié ses soins et le sentiment de stabilité qu'elle m'a procuré. J'ai commencé à fréquenter le Collège Mont-Rose, une école mixte, une expérience nouvelle et excitante pour moi. Bien que j'aie apprécié mon séjour là-bas, mes amitiés ont été de courte durée car je n'y suis pas retourné l'année suivante.

Premier amour

C'est à cette époque que j'ai rencontré Henry, un jeune homme qui venait à Miragoâne pour les vacances d'été pour rendre visite à sa mère. Il était timide mais charmant, et bien que nous parlions à peine, nous partagions une affection mutuelle. Chaque fois que je passais devant sa maison, il me suivait en silence, ne réussissant qu'un poli « bonjour ». Mes réponses étaient tout aussi timides, comme si ma voix était prise dans ma gorge.

Notre communication s'est épanouie à travers des lettres, livrées par une voisine qui est devenue notre messagère secrète. Cette cour innocente se poursuivit tout au long de l'été jusqu'au retour d'Henri à Port-au-Prince. Bien que brève, notre connexion a laissé une impression durable dans mon cœur.

Un rêve qui a tout changé

Avant la fin de l'été, mon frère Alain m'a invité à vivre avec lui, en me promettant une vie meilleure. Il s'était récemment marié et avait emménagé dans la maison de notre défunte mère, la meublant avec ses affaires et utilisant son alliance pour bénir son mariage. Au début, je passais mes journées chez lui et mes nuits chez tante Dieula, mais Alain

a insisté pour que j'emménage pleinement, m'assurant que sa présence me protégerait.

Dès le début, il était clair que la femme d'Alain n'aimait pas ma présence. Elle refusait de me laisser manger à table quand Alain n'était pas à la maison, critiquait tout ce que je faisais et inventait souvent des histoires pour le retourner contre moi. Un soir, après un autre de ses mensonges, Alain m'a confrontée et m'a accusée de comportement inapproprié. Malgré mes dénégations, il a perdu son sang-froid et a commencé à me battre pendant que sa femme l'incitait. Son rire méchant et ses coups durs étaient insupportables, mais je restais silencieux, déterminé à ne pas lui donner la satisfaction de me voir pleurer.

Cette nuit-là, après la fin de la punition, je me suis allongé sur le sol, submergé par le désespoir. J'ai appelé ma mère dans mon cœur, la suppliant de m'éloigner de cette misère. Alors que je sombrais dans un sommeil épuisé, j'ai fait un rêve qui me semblait plus réel que la réalité elle-même. Ma mère est apparue, vêtue d'une belle robe rose ornée de fleurs blanches. Elle m'a fait signe de la suivre, me conduisant à une grande maison. Bien qu'elle ne soit pas entrée avec moi, son sourire et sa présence m'ont rempli de paix.

Un nouveau départ

Le rêve m'a rempli d'une force inexplicable. Je me suis réveillé tôt le lendemain matin, déterminé à partir. Tranquillement, j'ai fait mes bagages et je me suis glissé hors de la maison avant que tout le monde ne soit réveillé. Ma destination était claire : la maison de sœur Berthe. Quand je suis arrivée chez l'amie de ma sœur, j'ai annoncé mon intention. Bien que surpris, ils ont soutenu ma décision.

Plus tard ce jour-là, après avoir assisté à la messe, je me suis approchée de sœur Berthe en lui disant : « Je suis venue à vous parce que je ne peux plus supporter ma vie telle qu'elle est. J'ai besoin de ton aide. Elle m'a serré chaleureusement dans ses bras et m'a répondu : « Je t'attendais. » Ses paroles m'ont rassurée et j'ai ressenti un sentiment écrasant de sécurité et d'espoir. Avec la promesse de sœur Berthe de prendre soin de moi, ma sœur est partie en larmes, et j'ai entamé un nouveau chapitre de ma vie au pensionnat de la religieuse.

5

Cinquième Vie

Avec Les Religieuses

Mon arrivée au couvent

Le jour de mon arrivée au couvent des sœurs, j'ai ressenti un immense sentiment de bonheur. C'était comme si j'avais enfin trouvé un endroit où j'appartenais. Pour la première fois depuis des années, je me suis sentie en paix, libérée du fardeau des luttes que j'avais laissées derrière moi. C'était l'été 1962, et l'école était en vacances, il n'y avait donc pas de pensionnaires. L'une des religieuses m'a fait visiter le couvent, un endroit vaste et serein. Quand je suis arrivée au dortoir, les souvenirs du rêve que j'avais fait chez mon frère Alain m'ont refait surface. Je me suis dit : « Maman m'a conduit ici. Je lui avais demandé de venir me chercher, et elle m'a entendu. Au lieu de m'emmener avec elle, elle m'a emmenée chez les religieuses. C'est son dernier cadeau pour moi.

Certaines personnes pourraient rejeter les rêves comme étant dénués de sens, mais je crois en leur pouvoir. Ce rêve m'avait donné de la force, et maintenant je comprenais qu'il était destiné à me guider ici.

Redécouvrir la joie

Sœur Berthe s'est donné pour mission de m'aider à retrouver la joie. Elle était catégorique sur le fait que je ne devais pas m'attarder dans la tristesse, et dès le premier jour, elle m'a doucement encouragé à sourire à nouveau. Je n'avais pas souri depuis la mort de ma mère, mais la chaleur et la bonté persistante de sœur Berthe ont commencé à me guérir. Chaque fois qu'elle me voyait perdue dans le chagrin, elle me souriait jusqu'à ce que je lui souris en retour. Peu à peu, sa méthode a fonctionné, et je me suis retrouvée à vouloir sourire à nouveau, à embrasser la vie.

Un phare de lumière

Il est difficile d'exprimer l'impact profond que Sœur Berthe a eu sur ma vie. D'origine canadienne, elle appartenait à la congrégation des *Sœurs de la Sagesse*. Venue à Port-au-Prince en tant que jeune religieuse, elle fut transférée plus tard à Miragoâne, où elle devint la directrice de l'école. Pour moi, elle était comme un rayon de soleil, si gracieuse et radieuse qu'elle semblait d'un autre monde. Elle se comportait avec une élégance qui captivait tout le monde, surtout lorsqu'elle portait son habit. Sa voix douce et son doux sourire apportaient du réconfort à tous ceux qui la rencontraient.

Enfant, je pensais que les religieuses étaient intouchables, immunisées contre les sensations ordinaires de la vie. J'ai cru qu'ils ne ressentaient même pas la douleur, jusqu'au jour où l'un d'eux m'a puni en me faisant m'agenouiller devant le tableau noir. Curieux, j'ai utilisé une épingle pour

la piquer, ne m'attendant à aucune réaction. Elle tressaillit légèrement et frôla l'endroit, pensant qu'il s'agissait d'un insecte. Ce moment a brisé mon illusion d'enfant ; Ils étaient humains après tout.

Un havre de paix

Vivant sous la garde de sœur Berthe, j'ai découvert un côté d'elle qui allait au-delà de la rigueur requise pour gérer l'école. Au couvent, elle a révélé sa vraie nature, une femme gentille et compatissante avec un cœur plein d'amour. Elle est devenue ma protectrice, mon mentor et une source de réconfort. Pour la première fois depuis le décès de ma mère, je me suis sentie en sécurité et chérie. Le couvent n'était pas seulement un lieu de refuge ; C'est devenu ma maison.

La ville de Miragoâne

La maison des moniales se dressait comme une grande structure jaune, propre et accueillante, sur la rue Bel-Air dans la partie supérieure de la ville, offrant une vue pittoresque sur Miragoâne. Dans les années 1960, Miragoâne était une petite mais magnifique ville, marquée par son mélange unique de beauté naturelle et architecturale.

Miragoâne était divisée en deux parties distinctes : la ville basse, nichée dans une crevasse comme gagnée sur la mer, et la ville haute, perchée sur la montagne, surplombant l'océan. Cette juxtaposition géographique a renforcé l'allure de la ville, créant un panorama à couper le souffle.

En entrant dans la ville en provenance de Port-au-Prince, les voyageurs passaient par Léogâne, Grand-Goâve, Petit-Goâve, puis atteignaient Desruisseaux, la porte d'entrée de Miragoâne. Ce carrefour animé était animé par l'activité. Les vendeurs bordaient les rues de nourriture et de marchandises, se disputant l'attention des voyageurs. C'était un chaos coloré, où de petits restaurants informels coexistaient avec des vendeurs de bananes frites, de porc et de patates douces. L'arôme des délices fraîchement frits emplissait l'air, se mêlant à l'énergie de la foule.

Dans la ville haute, la rue Bel-Air était un point de repère remarquable. L'église Saint-Jean-Baptiste, un chef-d'œuvre architectural saisissant, se dressait sur une colline rocheuse. Pour atteindre l'église, les visiteurs ont monté des escaliers raides qui menaient à une grotte sereine avec une statue de Notre-Dame de Lourdes et des gouttelettes d'eau en cascade. Du point de vue de l'église, on pouvait s'émerveiller de la ville basse et du vaste bleu de l'océan, avec l'île de la Gonâve visible à l'horizon.

La ville basse, connue sous le nom de Bas-Fort, abritait des marchés, des petites boutiques et des quartiers résidentiels. La Grande-Rue, la rue principale, abritait des institutions importantes comme la préfecture de police et Téléco, ainsi que des magasins généraux et une pharmacie. Le cœur de la ville était La Place, une place communale avec une fontaine et une charmante statue d'un petit garçon qui arrosait les fleurs environnantes. C'était un endroit populaire pour les rassemblements sociaux et un souvenir précieux de mon enfance.

Miragoâne a également eu sa part d'importance historique. L'entreprise d'aluminium Reynolds a autrefois prospéré dans la région, laissant derrière elle des vestiges de ses opérations, y compris de grands bâtiments abandonnés. À proximité, la rue de la Source-Salée tire son nom d'une source d'eau douce légèrement salée. La rue abritait des maisons pittoresques, une école et une église protestante.

Le charme de la ville s'est étendu jusqu'à Nouvelle Cité, où mon père avait son bureau de spéculateur et où lui et son amie Madame Légère ont investi dans l'immobilier. Cette partie de la ville, avec ses montagnes verdoyantes et son climat frais, offrait une retraite tranquille de la ville basse animée.

Miragoâne, avec ses quartiers distincts et sa richesse culturelle, était mon paradis. Bien que le temps ait changé son paysage, les souvenirs de ses plages sereines, de ses rues animées et de ses retraites paisibles en montagne restent vifs. C'était plus qu'une ville ; c'était le cœur de mon enfance, un lieu de beauté et d'innocence qui a façonné le fondement de qui je suis.

Ma vie avec les sœurs

La résidence des sœurs était un sanctuaire de confort et de structure. Le premier étage abritait un dortoir spacieux pour les employés, une grande salle à manger pour les sœurs et une salle à manger séparée pour les pensionnaires et le personnel. Les salles de bains étaient idéalement situées sur le balcon. À l'étage, il y avait le bureau de la directrice et un grand espace commun pour les religieuses, meublé d'un piano, de machines à coudre et d'une table de jeu. Adjacente au bureau de la directrice, une petite boutique proposait des fournitures scolaires aux élèves.

Cinq salles de classe entouraient le terrain, dont l'une servait également de théâtre pour les spectacles de l'école. Le troisième étage comprend les quartiers privés des sœurs, les lingeries, les salles de bains et le dortoir des pensionnaires. La conception du dortoir était réfléchie : quatre grandes chambres, chacune équipée de trois petits lits, et un couloir qui s'ouvrait sur une vue imprenable sur la ville et ses environs. De là, nous pouvions observer les garçons du quartier gratter des guitares, essayant d'attirer l'attention des pensionnaires – une espièglerie inoffensive qui nous amusait mais déplaisait aux religieuses.

L'extérieur de la résidence était tout aussi captivant. Des rangées de roses vibrantes, en particulier les jaunes que j'adorais, encadraient le bâtiment. Une statue proéminente de Notre-Dame de Lourdes se dressait près de l'entrée, avec un grand escalier menant à la porte principale. Un long chemin en ciment, bordé de lauriers et d'une terrasse couverte de vignes, offrait une retraite paisible. C'était mon endroit préféré, où je pouvais regarder la ville animée, converser avec mes voisins ou simplement réfléchir.

À gauche du chemin se trouvait l'entrepôt de nourriture, une cuisine ultramoderne pour les sœurs et une cuisine à charbon à côté d'une salle de pâtisserie. La cour comportait également un lavoir et une sortie menant à l'autre moitié de l'école. Cette sortie s'ouvrait sur la salle des générateurs, la modeste maison de l'aumônier et une belle chapelle où nous assistions à la messe. Au-delà de la chapelle, une large allée reliait la cour de récréation de l'école et les salles de classe primaires, qui étaient construites de manière unique sur des fondations sur pieux. Sous ces salles de classe, des zones ombragées servaient de zones d'étude et de jeu pour les élèves.

Le prêtre de la chapelle, le père Devos, vivait dans une maison voisine qui offrait une vue imprenable sur Cérôme, l'océan et l'île de La Gonâve. Regarder les navires naviguer a été une expérience apaisante et inspirante, une expérience que j'ai profondément chérie.

Amédé, le gardien, était un homme gentil qui me servait souvent de messager. En marchant plus loin le long du chemin derrière les salles de classe primaires, on trouverait un long jardin et des espaces de rangement sous les salles de classe. Ce chemin finit par revenir au lavoir près du bâtiment principal.

Cet environnement est evenu plus qu'un simple lieu d'apprentissage et de discipline ; Ils représentaient un chapitre de guérison et de redécouverte. Le temps que j'ai passé ici, au milieu des soins des sœurs, a marqué l'une des périodes les plus belles et les plus transformatrices de ma vie.

Grandir avec les religieuses

L'enfance a été pour moi la période la plus difficile de ma vie. La perte de ma mère m'a plongé dans une série d'épreuves qui semblaient interminables. Pourtant, malgré la douleur, j'ai fait confiance à Dieu et je me suis accrochée à la croyance que ma mère veillait sur moi. J'ai souvent voulu la rejoindre au ciel pour échapper à l'angoisse. Cependant, quand j'ai commencé à vivre avec les religieuses, la vie a lentement commencé à me sembler moins lourde.

Cet été-là, c'était la première fois depuis la mort de ma mère que je ressentais un semblant de bonheur. C'était comme si j'avais été libéré de mes chagrins. En l'absence de famille, mon esprit ne se concentrait que sur le présent, sans penser à ma sœur Irène ou à mon frère Robert. Tout cela ressemblait à un rêve. Le couvent des religieuses était mon sanctuaire, un endroit où je croyais qu'aucun autre problème ne pourrait m'atteindre.

Pendant les vacances, je restais dans le dortoir des employés au premier étage, car les pensionnaires n'étaient pas encore rentrés. Cet arrangement me convenait bien ; après les événements traumatisants que j'avais endurés, je me sentais plus en sécurité en dormant près des autres. Chaque soir, les employés se réunissaient pour socialiser après le dîner. Nous saluions Sœur Berthe et les autres religieuses à la sortie de la salle à manger, puis nous nous retirions dans la salle de récréation pour nous détendre. Ces routines m'ont apporté un sentiment de normalité.

Sœur Berthe, la directrice, m'a présentée aux employés et leur a parlé de ma situation. Elle leur a demandé de s'occuper de moi, et ils m'ont accueillie chaleureusement. Parmi eux, cinq jeunes femmes et un homme nommé Amédé, qui est devenu un ami de confiance et un messager. Jeanette, la plus jeune, a ensuite rejoint les religieuses, une décision qui m'a inspirée. Leurs tâches comprenaient la cuisine, l'entretien ménager et l'entretien des terrains du couvent. Malgré leurs emplois du temps chargés, ils ont fait un effort pour que je me sente chez moi.

Cette première nuit, on m'a donné un vrai lit, une table de chevet et une petite commode. Épuisé par le fardeau émotionnel des derniers jours, je me suis endormi presque immédiatement. Le lendemain matin, j'ai assisté à la messe et j'ai passé du temps en prière, remerciant Dieu, la Vierge Marie et ma mère de m'avoir guidé vers ce havre de paix. Après le petit-déjeuner, sœur Berthe m'a invité dans son bureau pour me présenter mes responsabilités pendant les vacances et ce qui pourrait m'attendre une fois l'école reprise.

Mes tâches étaient variées et engageantes. J'ai aidé sœur Marie-Marthe à nettoyer la chapelle, à faire de petites réparations et à peindre autour du couvent. Elle a travaillé avec un dévouement incroyable, et j'ai beaucoup appris d'elle. De plus, j'ai eu le privilège de nettoyer la chambre de sœur Berthe, une tâche que j'ai chérie car elle signifiait qu'elle me faisait confiance. Mes journées comprenaient également des leçons de cuisine et de dactylographie. L'après-midi, j'aimais lire dans le jardin paisible, entouré de verdure et du bruit lointain de l'océan.

Alors que les employés sont devenus ma nouvelle famille, je suis resté seul quand il s'agissait de mes proches. Hormis la visite de ma sœur Irène, qui m'a informé qu'elle partait pour Port-au-Prince, je n'ai eu aucun contact avec les membres de ma famille. Mon frère Robert était toujours dans la capitale, et ma sœur aînée Claire ne m'a pas rendu visite. Étonnamment, je n'ai pas ressenti leur absence de manière aiguë. La paix que j'ai ressentie avec les religieuses a comblé le vide.

Quand octobre est arrivé, mon anniversaire aussi. À ma grande joie, sœur Berthe m'a fait un cadeau et m'a suggéré de rendre visite à ma famille en ville. J'ai choisi de rendre visite à ma tante Dieula, qui m'a accueillie chaleureusement et m'a même fait un petit cadeau. Plus tard dans la journée, je suis retourné au couvent, satisfait et enthousiaste à l'idée de commencer l'école et d'emménager dans le dortoir au troisième étage. Pour la première fois, je me suis sentie fière de ma place dans le monde.

Avec le retour des pensionnaires, ma vie s'est structurée. La discipline était stricte mais nécessaire. Les matinées commençaient à 5 heures du matin avec Sœur Jean qui nous réveillait avec un joyeux « Béni soit notre Seigneur Jésus-Christ », auquel nous répondions : « Par Marie ». Chaque jour suivait une routine précise : prière, cours, repas et séances d'étude supervisées. Les repas étaient une affaire communautaire, souvent accompagnés de lectures de la Bible, et malgré les plats occasionnels peu appétissants, nous apprenions la valeur de la gratitude.

J'ai noué des liens étroits avec quatre pensionnaires : Colette, Joséphine, Miche et Maguy. Ensemble, nous avons créé un fort sentiment de camaraderie, communiquant souvent en langue des signes pendant les repas et partageant des histoires après l'extinction des feux. Bien que nos escapades nocturnes aient parfois abouti à des punitions, elles ont également renforcé nos amitiés.

Tout au long de mon séjour au couvent, j'ai trouvé du réconfort dans la prière et dans la chapelle. C'est devenu un espace sacré où je me sentais plus proche de ma mère et de Dieu. Un jour, j'avouai à sœur Berthe mon désir de devenir religieuse. Sa réponse a été douce et sage : «
Vous êtes jeune et vous avez tant enduré. Prenez le temps de vivre et de prier. Si vous avez l'appel, cela viendra naturellement.

Avec le recul, ces années avec les religieuses ont été parmi les plus formatrices de ma vie. Malgré la discipline stricte, je me sentais aimée, protégée et entourée d'un but. Ce fut un chapitre de guérison, qui m'a permis de redécouvrir le bonheur et de commencer à construire un avenir meilleur.

t de sœur Berthe à l'école Notre-Dame-du-Sacré-Cœur de Port-au-Prince m'a causé un immense chagrin. Son départ a marqué le début d'une période difficile. Avant de partir, elle m'a promis que je pourrais passer les vacances à Port-au-Prince avec les sœurs de Saint-Joseph.

La période difficile commence à la fin du mois de juin lors de la fête de la Saint-Jean-Baptiste lorsque les Frères du Sacré-Cœur bénissent la première pierre de leur nouvelle école. Après la cérémonie, je suis retournée à la maison des sœurs, vêtue d'une robe jaune à pois blancs qui me rendait rayonnante. J'étais enthousiaste à l'idée des vacances et de la chance de revoir Sœur Berthe.

Comme je passais devant l'une des salles de classe, une voix m'a appelé. Au début, je l'ai ignoré, mais la voix était persistante. À contrecœur, je me suis arrêté. Un homme s'est présenté comme étant Tony Legros, un enseignant de l'école primaire de l'école des frères. Il m'a professé son amour et m'a demandé si je voulais sortir avec lui. Je l'ai fermement rejeté en disant : « Non, je ne t'aime pas et je ne t'aimerai jamais. » Sans se décourager, il a affirmé avec confiance : « Je t'épouserai et tu seras ma femme. » J'ai rétorqué : « Jamais, parce que j'aime quelqu'un d'autre. »

La persistance de Tony s'est étendue jusqu'à rendre visite aux sœurs et à leur écrire pour leur annoncer son intention de m'épouser. La directrice de Miragoâne m'a interrogé à son sujet, et j'ai réitéré mon désintérêt, en insistant sur ma concentration sur les vacances à venir.

Cet été-là, j'ai été ravi de partir pour Port-au-Prince. En plus de voir sœur Berthe, j'ai pu renouer avec mes frères et sœurs, Robert et Irène. La sœur de mon père, tante Dadia, vivait également dans la capitale. Femme vive et sophistiquée, tante Dadia faisait partie de ma vie depuis l'enfance. Malgré sa forte personnalité, nous avons eu une relation respectueuse et harmonieuse.

À mon arrivée, sœur Berthe m'a informé de la lettre de Tony demandant ma main en mariage. J'ai expliqué que je n'avais aucun intérêt pour le mariage à l'époque, surtout pas avec Tony. Au cours du même été, j'ai appris que mon frère Robert avait la tuberculose à cause de la malnutrition. La générosité de Sœur Berthe s'est étendue à l'organisation

de son traitement et de ses soins, afin qu'il ait un endroit sûr pour se rétablir.

Pendant mon séjour à Port-au-Prince, j'ai rencontré une jeune femme nommée Marie qui mendiait à l'église Saint-Joseph. Elle s'est confiée à moi sur ses luttes, et je suis de tout cœur avec elle. Je me tournai vers sœur Berthe, qui la prit aimablement. Marie n'était pas la seule ; grâce à mes efforts et à la compassion de sœur Berthe, d'autres ont trouvé refuge chez les sœurs. Beaucoup d'entre eux ont par la suite construit une vie réussie à Montréal.

À la fin des vacances d'été, je suis retournée à Miragoâne, heureuse de retrouver ma chère amie Josie, mais portant toujours des sentiments persistants pour Henry. Il s'attardait souvent à l'extérieur de la maison ou de l'église des sœurs, m'observant de loin. Bien qu'il écrivait des lettres, je répondais rarement. Ma réticence provenait du traumatisme de notre rencontre passée, qui avait déplacé mes sentiments à son égard.

De retour à Miragoâne, Josie a fait part de ses inquiétudes au sujet d'un homme qui la poursuivait. Son conseil à propos de Tony était prudent : « Si vous n'aimez pas cet homme, ne l'épousez pas. Vous ne ferez face qu'au malheur. Ses mots ont résonné dans mon esprit alors que la persistance de Tony se poursuivait. Malgré mes réserves, la solitude et le sens du devoir m'ont amenée à dire oui.

La décision d'épouser Tony m'a pesé lourdement. Mes amis proches étaient partis et le couvent ne se sentait plus chez moi. Bien que je ne l'aimais pas, je me sentais piégée par les attentes de la société et le désir d'échapper à ma situation. Les préparatifs du mariage ont commencé, sous la direction de Sœur Berthe et de ma famille. Malgré les efforts généreux, j'ai abordé le mariage avec plus d'effroi que de joie.

Ma brève visite à la famille de Tony aux Cayes pendant les vacances a cimenté mon malaise. Leur maison, infestée de punaises de lit et faisant face à un cimetière, était loin d'être accueillante. Le comportement et les attentes de Tony m'ont encore plus aliéné. Désespérément soulagée, j'ai cherché refuge chez sa cousine, Rosita, qui m'a offert gentillesse et abri.

De retour à Port-au-Prince, je me suis confiée à Sœur Berthe sur mes expériences aux Cayes. Elle m'a conseillé d'annuler le mariage, mais je me suis sentie piégée par le poids de la connaissance publique et de l'obligation sociale. Les préparatifs se sont poursuivis et je me suis résigné à une décision qui me semblait inévitable mais creuse.

Le jour du mariage, je quittai le couvent avec un immense regret. Mes années avec les religieuses, surtout sous la direction de Sœur Berthe, avaient été un havre d'apprentissage et de croissance. Bien que mon départ ait marqué un nouveau chapitre, les leçons et la force que j'ai acquises auprès des sœurs sont restées avec moi, façonnant ma résilience face à un avenir incertain.

6

Sixième Vie

Un Mariage Triste

Jeunes mariés à Miragoâne

Je me suis rendue à Port-au-Prince une semaine avant mon mariage, chez sœur Berthe pour finaliser les préparatifs. La nuit précédant le mariage, le sommeil m'a échappé alors que les souvenirs de ma défunte mère et les pensées de ma sœur Irène au Canada remplissaient mon esprit. Plus la réalité du mariage se rapprochait, plus cela ressemblait à un piège. Ce qui avait autrefois semblé être un jeu inoffensif se profilait maintenant comme un engagement sérieux et irréversible. J'ai voulu me présenter, mais il était trop tard. Cette nuit-là, mon tourment s'est manifesté par des cauchemars obsédants, me laissant trempé de sueur et de larmes à mon réveil.

Le matin de mon mariage, une lourde tristesse s'est installée dans ma poitrine. Alors que je faisais des courses mineures avant mon rendez-vous chez le coiffeur, je ne pouvais pas m'arrêter de pleurer. Sœur Berthe a essayé de me consoler en me disant : « Tu devrais être heureuse le matin de ton mariage. » Mais je n'ai pu que répondre : « Je ne peux pas. » Mes larmes coulaient d'un profond puits de désespoir ; Je savais pourquoi je pleurais, et elle aussi. Je n'aimais pas cet homme. Alors que le regret m'envahissait, une pensée a résonné dans mon esprit : *Comment vais-je vivre avec quelqu'un que je n'aime pas ?*

À onze heures, j'arrive à l'atelier, le visage gonflé de larmes. Les filles qui étaient là m'ont grondé gentiment : « Si tu continues à pleurer, ton visage sera en désordre. Oubliez le mariage, faites semblant de jouer dans une pièce de théâtre. Imaginez-vous comme une star et pensez à quelque chose de joyeux. Leurs mots ont planté une idée qui m'est restée : quand la vie me semble insupportable, je fais semblant d'être une actrice dans un rôle. Ce jour-là, je me suis accrochée à des souvenirs de moments plus heureux, de mon enfance avec mon frère Robert, de nos jeux espiègles et de la chaleur de la présence de ma mère. J'ai prié Jésus et ma mère en silence pour avoir de la force.

Quand j'ai quitté le studio, les larmes s'étaient arrêtées, mais la tristesse persistait. De retour à la résidence des sœurs, il était temps de s'habiller pour la cérémonie. Christiane, institutrice, m'a assisté en l'absence de ma sœur Irène. Sœur Berthe est venue me voir et m'a dit qu'elle était ravie de voir à quel point j'étais belle. Mais à l'intérieur, je me sentais engourdi. C'était comme si j'étais piégé dans un rêve surréaliste. Comme un automate, j'ai suivi les instructions qui m'étaient données. Le moment venu, je suis descendu dans la grande salle, où ma famille et mes amis s'étaient rassemblés. Le rêve a continué, des gens m'ont entouré, mais je n'ai vu personne, pas même l'époux. Mon seul objectif était d'endurer la journée.

L'église n'était qu'à quelques pas de là, et nous y sommes allés ensemble. Je ne me souviens de rien de la cérémonie elle-même. Mon corps était présent, mais mon esprit dérivait ailleurs, détaché du monde. En y réfléchissant plus tard, j'ai réalisé que je n'étais pas vraiment en vie dans ces moments-là. Je ne me souviens même pas d'avoir prononcé les mots « Oui, je le veux ».

L'accueil a été flou. Ce n'est que lorsque je suis arrivée dans la salle à manger que la réalité de mon mariage a commencé à m'imposer. Les sœurs avaient orchestré un événement époustouflant : un gâteau somptueux, une table joliment dressée et une atmosphère de fête. J'ai été sincèrement touché, c'était bien plus que ce à quoi je m'attendais. Sœur Berthe n'avait ménagé aucune dépense pour rendre cette journée mémorable.

À la fin des festivités, j'ai enlevé ma robe de mariée et nous sommes partis pour l'hôtel. Je ne me souviens pas de son nom, mais c'est là que ma vie avec Tony a officiellement commencé. Le poids d'être seule avec un homme que je n'aimais pas a déclenché une réaction physique : j'ai eu une crise d'asthme. Tony a essayé de m'aider, en soutenant ma tête avec des oreillers et la petite valise, mais rien n'a atténué ma lutte pour respirer. Cette nuit-là a marqué le début d'une union définie non pas par l'amour mais par la peur.

Utilisation ironique d'une expression respectueuse : monsieur ou l'homme.

La naissance de Max

Le désir de Tony d'avoir un enfant était indéniable, et en deux mois, j'étais enceinte. Dès le premier jour, cependant, je me suis senti mal. Malgré mon inconfort constant, j'ai dû continuer à travailler, sachant que l'embauche d'un remplaçant coûterait de l'argent que nous ne pouvions pas dépenser. Fidèle à ses habitudes, Tony a continué à me laisser seul tous les après-midis pour jouer aux cartes. Son absence s'est prolongée jusque le soir et le week-end, me laissant confrontée à ma solitude. Pour certaines femmes, cela n'aurait peut-être pas d'importance, mais pour une jeune femme comme moi, sans confidentes proches, la solitude était suffocante. Toute tentative de sortir et de rencontrer un ami m'aurait qualifiée de « petite pute » à ses yeux. Pourtant, il ne ressentait pas de telles contraintes, faisant ce qu'il voulait sans se soucier de moi. Il me parlait à peine, sauf la nuit quand il grimpait sur moi sans affection ni tendresse. Si je résistais, il me forçait, ignorant mes protestations.

La grossesse a entraîné une avalanche de maux. Les nausées, bien qu'attendues, ont persisté jusqu'à la toute fin. Des taches noires parsemaient ma peau, des démangeaisons incessantes me tourmentaient et j'ai développé des abcès douloureux qui aggravaient ma misère. « Je ne veux plus jamais être enceinte », me suis-je répétée à plusieurs reprises. Quand Tony est parti pour les Cayes une fois, j'ai eu une autre crise d'asthme. Heureusement, son cousin Jacques était là pour convoquer les sœurs, qui ont envoyé quelqu'un pour rester avec moi. Mon amie Laura est également intervenue, administrant les injections prescrites par le médecin qui ont soulagé mes souffrances. Même en l'absence de Tony, des événements étranges m'ont déstabilisé – des bruits sur le toit la nuit qui m'ont fait transpirer de peur. Au retour de Tony, je lui ai parlé de ces perturbations. Sa réponse a été énigmatique : « Vous verrez ; les bruits viendront, et je m'en occuperai. Fidèle à sa parole, il a crié dans la nuit, et les bruits ne sont jamais revenus.

Au fil des mois, l'heure de l'accouchement approchait, mais des avertissements inquiétants ont assombri l'anticipation. Des inconnus m'ont arrêtée dans la rue, m'exhortant à dire à mon mari d'agir, de peur que je ne meure en enfantant. Tony a carrément rejeté ces préoccupations, me disant de ne pas écouter. Une semaine avant l'accouchement, ma tante Dieula m'a emmenée d'urgence chez elle après que son amie médium ait prévu le sang et la mort à moins que des rituels spécifiques ne soient effectués. Bien qu'il n'ait pas tout ce que le médium demandait, il m'a rassuré : « Il y aura beaucoup de lutte et de sang, mais pas de mort. Gardez la foi et priez.

Le matin du 2 novembre, les contractions ont commencé, et le soir du 6 novembre, j'étais toujours en travail. L'épreuve était atroce : le bébé a refusé de descendre, m'étouffant à la place. Désespérée, j'ai crié à ma mère décédée, à mon père, à Jésus et à la Vierge Marie pour obtenir la délivrance. Ma chambre d'hôpital est devenue une porte tournante de visiteurs, ne me laissant aucune tranquillité. Au moment où ma tante Dieula est arrivée, je n'avais plus mal mais je devenais de plus en plus faible. Elle a prié pour moi, a placé quelque chose sous ma tête et m'a assuré : « Tout ira bien. Faites-moi confiance. Cette nuit-là, j'ai rêvé d'une femme rayonnante, vêtue comme la Vierge Marie, qui me souriait avec une sérénité qui me donnait de l'espoir. Quand je me réveillai, les douleurs de l'accouchement reprirent avec une urgence renouvelée.

Le médecin a décidé d'une césarienne, mais j'ai appris plus tard que cela m'aurait tuée en raison de mon état de faiblesse. Le bébé semblait déterminé à naître, et les infirmières m'ont emmenée en toute hâte dans la salle d'accouchement. Sans anesthésie, ils m'ont coupé des deux côtés pour lui faire de la place. La douleur était inimaginable, mais finalement, mon fils est né, un garçon en bonne santé. Mes prières avaient été exaucées et j'ai remercié Dieu de nous avoir guidés à travers cette épreuve.

Après l'accouchement, j'ai perdu ma voix et j'ai dû communiquer par des gestes. Épuisée mais soulagée, j'ai nommé mon fils Berthold Max, en l'honneur de Sœur Berthe, qui était devenue pour moi une figure maternelle. Tony, cependant, a inversé les noms, mettant Max en premier. Pour le moment, je n'ai pas discuté ; J'étais trop fatigué pour m'en soucier. Un sédatif a soulagé la douleur de mes coupures et on m'a laissé au repos.

Le lendemain, Max s'épanouissait, mais j'étais faible et incapable de parler beaucoup. Mes premiers mots ont été résolus : « Je n'aurai plus jamais d'enfant. » Des visiteurs remplissaient la salle, m'offraient leur soutien, mais la nuit venue, je me suis retrouvée avec ma marraine Ruth, qui est restée à mes côtés comme c'était la coutume en Haïti. Tard dans la nuit, un bruit terrifiant m'a réveillé en sursaut – un bruit d'étouffement près du berceau du bébé. Quand je me suis retourné pour regarder, j'ai vu du sang partout. La panique s'est installée lorsque l'infirmière a emporté le berceau, et j'ai supplié Dieu d'épargner mon enfant. Les médecins étaient déconcertés. Ils n'ont trouvé aucune source de sang, mais ont déclaré qu'il n'en avait pas assez pour survivre. La seule solution était de l'emmener immédiatement à Port-au-Prince.

Malgré mon propre état de fragilité, j'ai insisté pour aller avec Max. Le médecin a refusé, avertissant Tony que mon état était trop précaire. Finalement, Max a été emmené à Port-au-Prince sans moi, accompagné de sa famille et d'une infirmière. Seule à la maison, j'endurais des douleurs atroces à cause de mes coupures non cicatrisées et de mes seins engorgés. J'ai pleuré toute la nuit, incapable de prendre soin de moi, et encore moins de mon enfant. Mes voisines ont appelé tante Dieula et Claire, qui ont demandé de l'aide à tante Lisette. À l'aide de bains de vapeur aux herbes, ils m'ont progressivement soigné pour retrouver la santé.

Quand Max est revenu, il était en bonne santé et prospère, mais j'étais encore trop faible pour m'occuper de lui. Mon amie Laura l'a pris tous les jours pendant un mois pendant que je me rétablissais. La nuit, ses cris me terrifiaient, car la superstition haïtienne m'avertissait qu'ils pourraient attirer les mauvais esprits. Tony, insensible comme toujours, a donné une fessée à Max pour le faire taire, me laissant sangloter et plaider pour un traitement plus doux. Finalement, j'ai engagé une servante, Louise, pour s'occuper de Max. Tante Dieula, sa marraine, l'a également accueilli pendant un moment, le gardant à côté d'elle la nuit pour le réconforter. Sous ses soins, il a cessé de pleurer et je lui rendais visite deux fois par jour, reconnaissante de la paix qu'il trouvait chez elle.

7

Septième Vie

Un Amour Secret

Une déclaration inattendue

Depuis la naissance de Max, un profond sentiment de dégoût a commencé à me consumer. La vie en Haïti était devenue étouffante, et j'avais envie de m'échapper, même si cela signifiait laisser mon bébé chez tante Dieula. Cette seule pensée me remplissait de culpabilité, mais le désespoir que je ressentais dans mon mariage éclipsait tout. La présence de Tony était devenue intolérable – ses parties de cartes nocturnes s'étiraient plus longtemps que jamais, me laissant seul dans la maison avec son cousin Jacques. Max avait trois mois, et bien que son absence de la maison était censée faciliter les choses, mon ennui et mon agitation n'ont fait que s'aggraver. Ma seule consolation provenait des visites occasionnelles chez Nélia, mais il s'agissait de distractions fugaces d'une réalité de plus en plus insupportable.

L'absence de Tony a créé un vide que Jacques a commencé à combler par inadvertance. Contrairement à Tony, Jacques était attentif et présent, concentré sur ses études et ses sports, et peu intéressé par les vices qui consumaient mon mari. Bien qu'il soit plus jeune que moi, Jacques est rapidement devenu mon confident. Nous avons parlé de tout, et je me suis retrouvée à compter sur lui émotionnellement d'une manière à laquelle je ne m'attendais pas. Je me suis convaincu qu'il n'y avait pas d'arrière-pensée, mais au fond de moi, j'ai senti que cette amitié grandissante évoluait vers quelque chose de plus. Je me suis accrochée au déni, non seulement pour protéger notre relation, mais aussi pour éviter de faire face à la trahison qu'il représentait pour mon mariage.

Au fil des jours, ce sentiment interdit a commencé à prendre racine. Une vague d'anxiété l'a accompagné, me laissant épuisé physiquement et émotionnellement. Je ne pouvais pas manger, et tout le monde supposait que ma misère provenait de l'absence de Max, qui était toujours avec tante Dieula. La vérité, cependant, était quelque chose que je ne pouvais confier à personne, pas même à Jacques. Quand il pratiquait le karaté dans la pièce du rez-de-chaussée, je le regardais souvent depuis la porte, mais même cela était devenu insupportable. Chaque contact accidentel de sa main me faisait frissonner, des sensations que je n'avais jamais ressenties pour un autre homme. C'était bouleversant, plus fort que tout ce que je n'avais jamais connu, et cela m'a terrifié. Pour faire face, j'ai commencé à l'éviter. J'ai arrêté de m'asseoir avec lui sur le balcon et j'ai évité le sous-sol où il pratiquait ses sports. Pourtant, malgré mes efforts, la tension persistait, rendant chaque moment partagé chargé et insupportable. Dans le même temps, la présence de Tony dans la maison est devenue de plus en plus fantomatique. Quand il m'a fait l'amour, c'était mécanique et creux. Je l'ai enduré, priant pour qu'il se termine rapidement, alors que le gouffre entre nous se creusait en quelque chose d'insurmontable.

Le début d'une double vie

Un jour, j'ai décidé d'écrire une lettre à Jacques pour lui déclarer ma flamme. Comme il était le cousin de mon mari, je marchais sur un sol glissant. Sa réaction a été imprévisible et je me suis demandé s'il allait montrer la lettre à Tony. Je me suis dit : « J'abandonne. Je ne peux plus le cacher ; Je dois le faire. J'ai transcrit tout ce que je lui ai écrit à ce moment-là car c'est encore frais dans ma mémoire :

Mon cher ami,

Ce que je vais vous avouer est très douloureux pour moi. Je suis obligé de rassembler tout mon courage à deux mains pour le faire parce que je ne peux plus le supporter. Depuis un certain temps, je souffre, et je ne peux plus vivre comme ça. Je t'aime. Et c'est tout ; Je t'aime. Je sais que tu es le cousin de Tony, mais je ne veux plus souffrir. Je ne connais pas vos sentiments. Si jamais tu ne m'aimes pas, ne dis rien à Tony. Tu peux simplement me répondre que tu ne le fais pas, et je saurai quoi faire, car je ne peux plus vivre sans toi. Je n'aime pas Tony. Je ne l'ai jamais aimé. Et je n'ai jamais ressenti pour quelqu'un ce que j'éprouve pour vous.

Énice

C'était les vacances de Pâques en Haïti. Mon bébé avait 5 mois, et Jacques n'était pas rentré avec ses parents. Il restait toujours à la maison. Tony n'était jamais là, même pendant la journée. La servante, Zita, est rentrée chez elle vers 4 heures, et Max restait chez Dieula avec sa baby-sitter. Nous étions toujours seuls.

Dans ma lettre, j'avais aussi prévenu Jacques : « Si jamais tu ne m'aimes pas, nous ne pourrons pas rester amis comme nous l'étions.
» Après avoir reçu la lettre, il s'était changé. Il avait devenir pensif ; Maintenant, c'était lui qui ne pouvait plus manger. J'ai senti qu'il ne pouvait plus vivre comme avant. Il ne pratiquait plus ses sports. Au moins une semaine s'est écoulée avant qu'il ne me réponde. J'ai trouvé l'attente excessivement longue. Je craignais aussi qu'il ne montre la lettre à Tony. S'il l'avait fait, j'aurais vraiment abandonné, parce que je n'aimais pas Tony. J'avais décidé de tout abandonner. Je suis comme ça. Je prends toujours des risques ; si cela ne fonctionne pas, j'accepte la situation et je fais autre chose.

Finalement, un après-midi, Jacques et moi, nous étions seuls. Il m'a annoncé : « J'ai quelque chose pour toi. » Mon cœur battait la chamade. Je ne savais pas encore quelle serait sa réponse. Il m'a donné une lettre. Je l'ai lu, et j'ai compris que le sentiment était réciproque. Je n'ai même pas eu le temps de dire un mot car nous étions déjà en train de nous embrasser. C'est arrivé tout seul, sans mots inutiles. Nous avons seulement dit que nous nous aimions et que nous étions déjà dans sa chambre. Nous avons fait l'amour, et nous étions heureux, comme si rien d'autre n'avait jamais existé.

Légende des photographies

1. Enice en Haïti (1965)

2. Enice à son mariage

3. La mère d'Enice

4. Le père d'Enice

5. Gâteau de mariage

6. Dadia et sa fille

7. Dadia, en tant que jeune femme

8. Sœur Berthe en Haïti (1969)

9. Jacques, Max et Riva à l'aéroport de Port-au-Prince

10. Max, sept ans (1976)

11. Max, trois mois

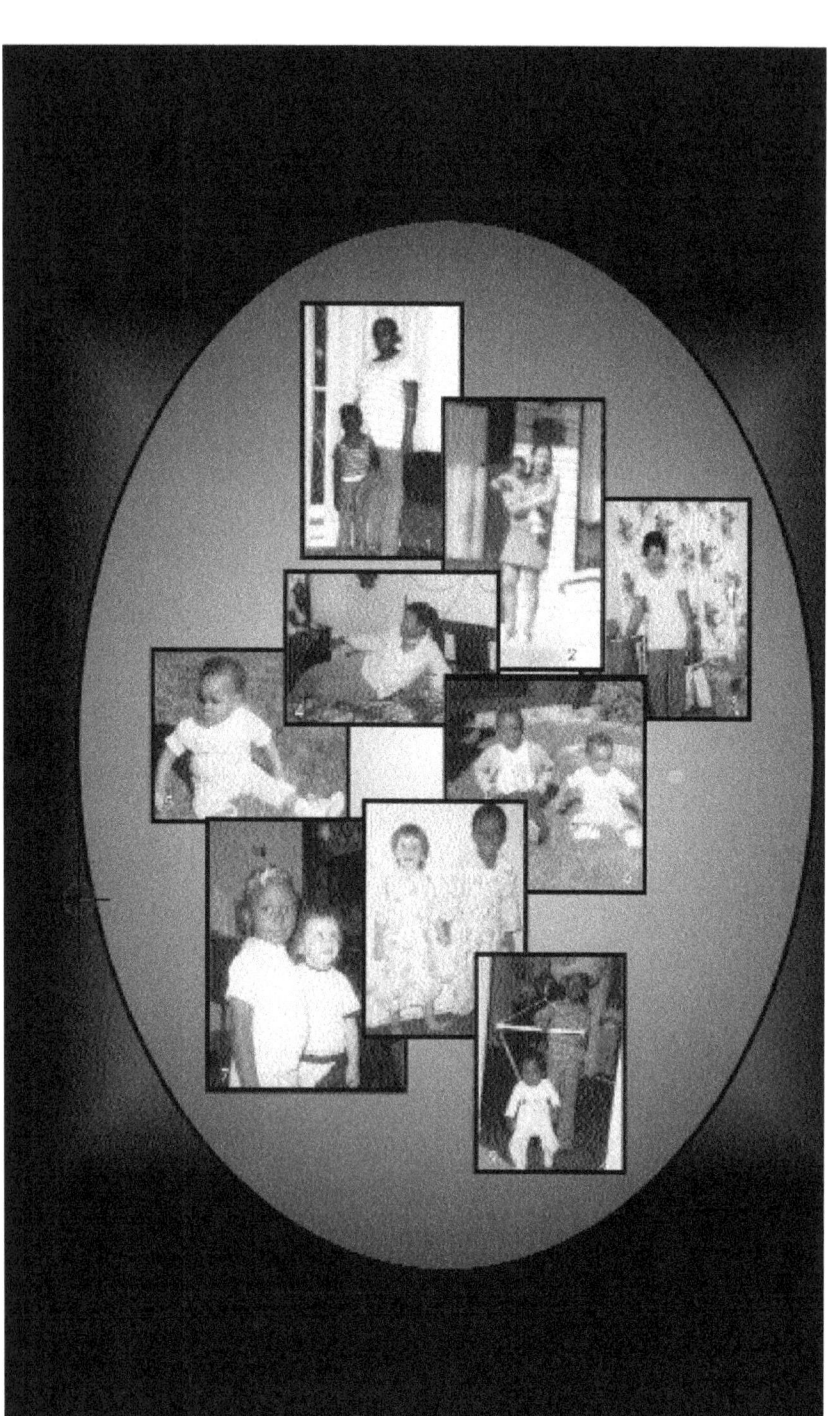

Légende des photographies

Enice enceinte de Natatsha avec Max (1972)

1. Liliane B. et Natatsha (1973)
2. Enice à New York (1970)
3. Enice à Longueuil (1971)
4. Natatsha avec Max chez Liliane B. (1972)
5. Max et Natatsha (1972)
6. Max et Francine (1971)
7. Max et Francine (1971)
8. Max et Natatsha, 14 mois (1973)

Page avant

Miragoâne, Haïti

Vue de la partie sud-ouest de la ville, dans les années 1980 environ.

Photo:

Jean-Richard Raphaël

L'amour naissant

Pour la première fois, je me suis laissée aller avec un homme d'une manière que je n'avais jamais eue auparavant. Avec Jacques, je me sentais vivante, heureuse, responsabilisée et transformée en quelqu'un d'entièrement nouveau. Lui aussi semblait changé, devenant plus confiant et plus affirmé. Chaque après-midi, une fois la maison vidée, nous trouvions du réconfort l'un dans l'autre, faisant l'amour dans un monde à nous. Tony, trop absorbé par ses femmes et ses jeux de cartes, n'a même pas remarqué le changement en moi ni le bonheur qui s'était épanoui en moi. La légèreté croissante de mon cœur lui était invisible, tout comme la distance grandissante qui nous séparait.

Bien que ma liaison secrète avec Jacques m'ait apporté de la joie, le désir de quitter Haïti persistait dans mon esprit. J'ai souvent discuté de mon projet avec Jacques, qui m'a encouragé. Il pouvait voir que ma vie avec Tony était un tourment constant, un foyer imprégné de tension et de misère. Cet été-là, j'ai finalement fait part de mes intentions à Tony : je voulais partir pour les États-Unis. Ce n'était pas tant une conversation qu'une annonce. Il a à peine réagi, anticipant peut-être déjà mon départ comme un chemin vers sa liberté. Au cours des mois d'été, j'ai fréquemment voyagé entre Miragoâne et Port-au-Prince, prenant des dispositions pour mon évasion. L'un de ces voyages était avec Jacques, et pendant un bref instant, la vie semblait presque parfaite. Jacques et moi partagions un amour profond qui me faisait me sentir libre, même face à tant de contraintes. Tony, fidèle à lui-même, a refusé de m'accompagner dans aucun de ces voyages, me laissant naviguer toute seule.

Pendant ce temps, Max resta chez tante Dieula, s'épanouissant sous ses soins. Sa baby-sitter m'a fourni un soutien supplémentaire, ce qui a atténué mes inquiétudes à l'idée de le quitter. Je me suis rassurée en me disant qu'il était entre de bonnes mains et que mon départ n'était pas un abandon, mais un pas vers un avenir meilleur pour nous deux. J'ai fait la paix avec l'idée de laisser Tony derrière moi. En vérité, je n'éprouvais aucune tristesse à l'idée de l'abandonner ; I avait clairement indiqué que mon absence ne servirait qu'à ses activités égoïstes. De quinze ans mon aîné, il semblait content de vivre de l'argent que je lui envoyais de New York. Quand j'ai appris qu'il avait quitté son emploi peu de temps après mon départ, je n'ai pas été surpris – il s'est ouvertement vanté auprès des autres qu'il n'avait plus besoin de travailler parce que sa femme était allée aux États-Unis pour le soutenir.

En août, mon amie Nélia est partie pour le Canada, marquant un autre adieu qui m'a fait prendre conscience de tout ce que je laissais derrière moi. En septembre, c'était à mon tour de quitter Haïti. Le jour de mon départ, Jacques, Tony et mon petit neveu Romy m'ont accompagné jusqu'à l'aéroport. En montant dans l'avion, j'ai su que je m'éloignais d'une vie qui m'avait étouffé. J'ai choisi New York parce qu'elle offrait des possibilités qu'Haïti ne pouvait pas offrir : la stabilité politique et sociale et un avenir pour Max et moi. Haïti, avec sa politique volatile et ses opportunités limitées, n'était pas prometteur pour nous. « Saisis cette chance pendant que tu es encore jeune », me suis-je dit. « Plus tard, cela ne fera que devenir plus difficile. »

Bien que résolu, je suis parti le cœur lourd, accablé par l'incertitude. J'étais jeune, je mettais les pieds dans un pays étranger où je ne connaissais presque personne. Le poids de cette décision n'a pas été complètement absorbé jusqu'à ce que je sois dans les airs. J'ai réalisé que je cherchais quelque chose d'insaisissable, quelque chose d'indéfini. Je n'avais que la certitude que quoi que je cherchais, je finirais par le trouver, mais à un prix élevé. Je ne connaissais pas encore l'ampleur des défis qui m'attendaient, mais je me préparais aux difficultés qui m'attendaient.

8

Huitième Vie

Difficultés Aux États-Unis

Premiers pas à New York

Le voyage en avion jusqu'à New York m'a rempli d'espoir et de l'illusion que mon voyage serait simple. Mon frère Alain était déjà dans la ville, mais je n'avais aucun moyen de le contacter. Tout ce que j'avais, c'était le numéro de téléphone d'un cousin que je n'avais jamais rencontré et l'adresse d'Érik, un ami de Tony, où je devais rester. Au moment où je suis descendu de l'avion à l'aéroport Kennedy, j'ai été submergé par l'immensité du terminal et la diversité des gens. Mes tentatives pour naviguer dans ce monde inconnu étaient maladroites ; J'ai parlé à des inconnus en français ou en créole et je leur ai demandé : « Connaissez-vous Érik ? » La plupart ont répondu par des regards perplexes ou dans des langues que je ne comprenais pas – l'anglais, l'espagnol, et même un « Nada » dédaigneux.

Il ne m'a pas fallu longtemps pour me rendre compte que ce n'était pas Haïti, où tout le monde semblait se connaître. Ici, les visages étaient différents et les connexions sur lesquelles j'avais compté n'existaient pas. Un portier a remarqué ma confusion et m'a gentiment dirigé vers un taxi. Avec quelques difficultés, j'ai réussi à montrer au chauffeur l'adresse à Manhattan, et nous sommes partis. Pendant que nous roulions, je me suis émerveillé des lumières vives, des rues animées et du mouvement constant de la ville. On avait l'impression qu'il faisait jour malgré l'heure tardive.

Je ne pouvais m'empêcher d'imaginer mon arrivée chez Érik comme un nouveau départ, rempli de possibilités.

Lorsque nous sommes arrivés à l'adresse, le bâtiment semblait imposant et peu accueillant. À l'intérieur, le portier a sonné à l'appartement 6C, mais il n'y a pas eu de réponse. Bien qu'il soit certain que quelqu'un se trouvait à l'intérieur, personne ne se présenta à la porte. La panique commença à s'installer. Je me suis souvenu du numéro que ma cousine Ida m'avait donné pour un autre parent à Brooklyn. Avec l'aide du portier, je l'ai appelée, et ma tante Julia a répondu. Entendant ma situation, elle m'a assuré que je pouvais rester avec elle et m'a donné des indications pour me rendre chez elle. Il était déjà plus de 23 heures et je me sentais perdue, épuisée et incertaine de ce que j'allais faire ensuite.

Juste à ce moment-là, un grand Américain est sorti de l'ascenseur et a posé des questions sur la situation. Après avoir entendu mon histoire, il m'a proposé de me conduire à Brooklyn. Le portier s'est porté garant de lui, me rassurant que tout irait bien. Pourtant, la peur m'a saisie. L'homme était aussi grand qu'un géant, et je n'avais jamais rencontré quelqu'un comme lui auparavant. Alors qu'il chargeait mes bagages dans sa voiture, j'ai prié en silence pour être protégée. Chaque fois qu'il s'arrêtait à un feu rouge, il m'expliquait pourquoi, un geste étrange qui apaisait peu à peu mes craintes. Au moment où nous sommes arrivés dans le quartier de ma tante, je me sentais étrangement en sécurité, comme s'il était un ange envoyé pour me guider.

La nuit, Brooklyn était étrangement calme, avec des rues désertes qui augmentaient mon anxiété. L'homme portait ma lourde valise sur son dos alors que nous marchions vers l'immeuble de ma tante. Il s'est même assuré que je me tienne devant le judas lorsqu'il frappait pour que ma tante puisse me reconnaître. Une fois à l'intérieur, je l'ai remercié à plusieurs reprises, submergée par sa gentillesse. Après son départ, j'ai partagé mon histoire avec ma tante et je l'ai brièvement mise à jour sur les affaires familiales avant d'aller me coucher. Ce soir-là, je me suis sentie à la fois plus âgée et plus vulnérable, sachant que cet arrangement n'était que temporaire et que je devais trouver un endroit à moi.

Le lendemain matin, ma tante m'a servi le petit-déjeuner et j'ai passé des heures à observer l'activité animée à l'extérieur de sa fenêtre. Les scènes de rue étaient fascinantes : des vendeurs installant des étals, des enfants emmenés à la garderie et des groupes de personnes rassemblés avec des tasses à café et des sacs en papier. C'était un monde différent de tout ce que j'avais connu. Pourtant, malgré ma fascination, je ne pouvais pas oublier mon objectif pressant : retrouver Érik ou mon frère Alain. Les tentatives répétées pour contacter Érik ce jour-là ont été infructueuses, me laissant anxieuse et clouée à l'appartement, craignant de manquer son appel.

Deux jours plus tard, Érik m'a finalement appelé et est venu me chercher. Il m'a expliqué les subtilités de la navigation dans le métro et m'a emmené dans l'appartement d'une femme dans le Bronx où je pouvais rester temporairement. L'appartement était exigu et on m'a donné un petit canapé dans le salon, séparé du reste de l'espace par un paravent. Je n'avais pas d'intimité et mes affaires restaient dans ma valise en raison du manque de rangement. La femme, bien que polie, m'a mis mal à l'aise. Quelque chose dans son comportement suggérait qu'on ne pouvait pas lui faire confiance. Malgré mes réserves, je l'ai remerciée pour son hospitalité et je me suis installée, sachant que je n'avais pas d'autre option.

Érik m'a aidé à amorcer mes démarches de recherche d'emploi. Avec ses conseils, j'ai navigué dans la ville et j'ai finalement obtenu un emploi dans une usine de courroies. C'était un travail exténuant – rester debout toute la journée, utiliser des machines pour percer des trous dans les courroies – mais j'étais reconnaissant de cette opportunité. Le salaire était modeste, mais c'était un début. Le soir, je retournais à l'appartement, où l'atmosphère tendue avec mon hôte me pesait lourdement. Elle était froide et contrôlante, limitant mon utilisation du téléphone et ne me parlant que lorsque nécessaire. J'ai confié mes difficultés à ma sœur Irène à Montréal, qui ne pouvait m'aider que de loin.

Une tournure surprenante des événements a apporté un soulagement. Un après-midi, alors que je me promenais dans la rue d'Amsterdam, j'ai rencontré ma tante Dadia, nouvellement arrivée d'Haïti. Elle m'a dit qu'elle avait vu Alain récemment et m'a emmené le rencontrer. Alain, ravi de se retrouver, a insisté pour que je quitte immédiatement l'appartement hostile et que j'emménage avec lui. Sa chambre d'hôtel était modeste mais confortable, et le sentiment de sécurité qu'elle offrait était une bénédiction. Ensemble, nous avons appelé Irène pour lui annoncer la nouvelle, et pour la première fois depuis mon arrivée, j'ai ressenti un sentiment de stabilité. J'ai remercié Dieu de m'avoir réuni avec ma famille et de m'avoir donné la force d'endurer ces premiers jours difficiles à New York.

Difficultés à New York

Ma nouvelle vie à New York a commencé sans tarder. Le jour où je suis arrivé chez mon frère Alain, nous n'avons pas perdu de temps. Ce dimanche après-midi, il m'a emmené à l'épicerie, puis m'a présenté à des amis, Isabelle, Louky et Metty, qui habitaient dans le même hôtel. Isabelle était particulièrement gentille, offrant son soutien si jamais j'avais besoin d'aide. Elle nous a même fait dîner, ce que nous avons apprécié avant d'appeler tante Dadia pour planifier une réunion pour le lendemain. Alain et moi avons veillé tard ce soir-là, parlant de notre famille et des défis de la vie à New York. Il a généreusement partagé des conseils sur la façon de naviguer dans la ville, expliquant à quel point elle était différente d'Haïti. Il a insisté pour que j'arrête de travailler à l'usine du Bronx, disant que c'était trop loin et trop dangereux.

Le lendemain matin, nous avons rencontré tante Dadia près du métro pour commencer notre journée. Alain a pris l'initiative de nous apprendre à utiliser le métro, en nous donnant des conseils comme tenir nos sacs en sécurité et éviter de demander notre chemin à des inconnus. Après ce cours intensif sur la survie en ville, nous avons commencé notre recherche d'emplois en couture. Bien qu'aucun de nous n'ait d'expérience dans le domaine des machines à coudre commerciales, Alain nous a encouragés à dire le contraire : nos compétences de base en couture étaient suffisantes pour nous lancer. À l'usine, ils ont assigné tante Dadia à une machine à coudre et m'ont confiée à des tâches générales, comme la disposition des tissus et la coupe des fils. C'était un travail épuisant, surtout debout toute la journée, mais nous avons réussi. Alain est parti à son travail dans l'après-midi, me laissant une carte détaillée pour s'assurer que nous puissions retrouver notre chemin.

Nous sommes rentrés à la maison ce soir-là sans nous perdre, grâce aux instructions minutieuses d'Alain. Nous étions tous les deux trop fatigués pour discuter de la journée en détail. Lorsque nous nous sommes rencontrés le lendemain matin à 6 heures pour le trajet, nous avons échangé de brefs commentaires sur le travail. Tante Dadia a admis qu'elle avait du mal à maîtriser les nouvelles machines, mais qu'elle était déterminée à s'améliorer. D'un autre côté, j'ai trouvé le standing plus éprouvant que le travail lui-même. Malgré les défis, nous avons persévéré, en comptant les uns sur les autres pour nous soutenir.

Lorsque j'ai reçu mon premier chèque de paie, je me suis permis une petite indulgence : une chaîne en or avec un pendentif globe terrestre 18 carats. C'était un rare moment de fierté et de joie dans une période autrement difficile. Entre-temps, Alain a trouvé une piste pour un meilleur emploi grâce à une jeune femme dans une autre usine. Elle a promis de parler à son patron en notre nom, et peu de temps après, nous avons fait la transition vers un nouveau lieu de travail. Le trajet jusqu'à cette usine était encore plus long : une heure et demie avec trois correspondances en train et de longues marches. L'usine, dirigée par une Française et son mari américain, était spécialisée dans la lingerie fine pour la Cinquième Avenue. Pendant que tante Dadia travaillait sur des machines à coudre, je m'occupais de tâches comme épingler des chemises de nuit et les préparer pour la broderie. Le travail était difficile mais satisfaisant, et j'y suis resté près d'un an. Pour tante Dadia, c'est devenu l'occupation de toute sa vie. Elle a passé 30 ans dans cette usine.

Au cours de nos trajets quotidiens, j'ai appris à mieux connaître tante Dadia. Elle était beaucoup plus âgée que moi, et bien que j'étais jeune et physiquement résilient, elle avait souvent du mal avec la routine exténuante. Traverser Grand Central pour prendre des trains était particulièrement difficile pour elle. Elle l'avait suppliée : « Nounoune, attends ta tante. Je ne suis plus aussi jeune qu'avant. Laisse-moi reprendre mon souffle. Nous restions toujours ensemble, surtout le jour de paie, craignant les dangers de la ville.

La vie avec Alain était stable, mais émotionnellement épuisante. Mon fils, Max, me manquait terriblement et je pensais souvent à Jacques, mon amoureux, et au reste de ma famille. Tony, cependant, semblait indifférent. Ses lettres étaient froides et remplies de demandes d'argent. Il a même prétendu qu'il en garderait un peu pour moi en Haïti, mais je savais mieux. J'ai quand même envoyé de l'argent, lui demandant de donner une partie à tante Dieula pour Max, de rembourser les dettes et d'économiser le reste. Au lieu de cela, il a tout dépensé pour ses propres plaisirs, abandonnant son travail d'enseignant et se vantant que sa femme à l'étranger le soutenait. Il a menti à tout le monde, en disant que je ne lui avais pas envoyé un centime.

Malgré mes efforts pour me construire une vie à New York, je ne pouvais pas imaginer y rester. J'ai écrit à ma sœur Irène au Canada, lui demandant d'envoyer une invitation pour que Tony la rejoigne là-bas. Mon plan était de retrouver Tony au Canada, puis de retourner en Haïti pour amener Max. Irène a accepté, achetant même le billet d'avion de Tony. Pourtant, les demandes constantes d'argent de Tony ont rendu ce processus encore plus difficile. J'ai eu du mal à répondre à ses besoins tout en faisant face à mes propres défis à New York.

Les difficultés d'Alain ont reflété les miennes à bien des égards. Il avait passé des années à essayer de faire venir sa femme aux États-Unis, mais leur relation s'était détériorée. Un jour, je suis rentré à la maison et j'ai découvert qu'il avait déchiré ses lettres et ses photos dans un accès de rage, déclarant qu'il en avait assez d'essayer de la faire venir. Bien que je lui aie conseillé de reconsidérer sa décision, il semblait résolu jusqu'à ce qu'une lettre parfumée d'elle arrive. Ce seul geste ranima son affection, et il recommença à lui écrire et à lui envoyer de l'argent.

Quant à moi, j'ai continué à travailler à l'usine de Maddy aux côtés de ma tante Dadia, naviguant dans une ville à la fois passionnante et implacable. Je suis resté concentré sur le soutien de ma famille et sur la recherche d'un moyen d'aller de l'avant, même si les difficultés s'accumulaient.

1.

Une réunion secrète

La vie a continué comme d'habitude jusqu'au jour où j'ai reçu un appel inattendu d'un jeune homme que j'avais connu autrefois. Il avait le même âge que moi, et nous étions amis en Haïti, même si je ne l'avais pas vu depuis des années. À l'époque, il m'avait poursuivi sans relâche, mais je ne m'intéressais pas aux garçons à l'époque, c'était avant que je rencontre Henry. Il n'était qu'un garçon en culottes courtes la dernière fois que je l'ai vu, et ma vie avec les sœurs m'a emmené loin de lui.

Quand j'ai entendu sa voix au téléphone, je ne l'ai pas reconnue. « Ne savez-vous pas qui c'est ? » a-t-il demandé. Quand j'ai admis que je ne l'avais pas fait, il m'a révélé son nom et m'a expliqué qu'un ami de mon frère lui avait donné mon numéro. Il m'a assuré qu'il n'y avait pas d'agenda caché, juste un désir de se reconnecter. Hésitante mais curieuse, j'ai accepté de le rencontrer chez mon frère le vendredi suivant après le travail.

Les jours qui ont précédé notre rencontre nous ont semblé inhabituellement longs. Quand le vendredi est arrivé, il s'est présenté comme promis. Au moment où je l'ai vu, j'ai été submergé par une sensation étrange, un frisson qui m'a parcouru, me laissant figé et presque sans voix. Il m'a embrassé doucement le front, un geste qui m'a semblé profondément intime, et pendant un instant, aucun de nous n'a parlé. Lorsque nous avons finalement rompu le silence, nous avons parlé en même temps, en laissant échapper : « Vous avez changé ; Ça fait si longtemps... avant d'éclater de rire.

La conversation s'est déroulée naturellement à partir de là. Il m'a posé des questions sur ma sœur, et je lui ai posé des questions sur sa vie. Quand je lui ai demandé prudemment s'il était marié, il a dit qu'il ne l'était pas. Je pouvais voir qu'il savait déjà que j'étais mariée et que j'avais un enfant. Ses questions sont devenues approfondies : pourquoi avais-je épousé un homme plus âgé ? Est-ce que je l'aimais ? J'ai répondu honnêtement. "Je ne l'aime pas. Je ne l'ai jamais fait, et je ne le ferai jamais. J'ai partagé des morceaux de ma vie – mon frère, ma tante Dadia – mais je me sentais mal à l'aise, comme si j'étais au bord de quelque chose de dangereux.

Puis, sorti de nulle part, il s'est penché plus près et a demandé : « Maintenant que nous sommes adultes, que pensez-vous de ma proposition éternelle ? » Sa main caressa doucement ma joue, son sourire désarmant et sincère. Je ne pouvais plus me retenir. Il m'a pris dans ses bras et je me suis complètement rendu.

Nous nous sommes embrassés profondément, un moment rempli d'une intensité que je n'avais jamais connue. Nous nous aimions sans franchir de frontières physiques, et pour la première fois, j'ai compris ce qu'était le véritable amour. Ce n'était pas à propos de son apparence, même s'il était indéniablement beau. C'était son essence, son être même, qui me captivait. À ce moment-là, j'ai tout oublié, mon mariage, Jacques, même mes péchés. Tout ce qui comptait, c'était la connexion entre nous.

Notre relation s'est approfondie au fil du temps. Nous nous parlions au téléphone tous les jours et il me rendait visite chaque semaine. Finalement, nous avons fait l'amour, cimentant le lien que nous avions construit. Je suis même allé chez lui, même si nous savions tous les deux que notre situation était compliquée. Aucun de nous n'avait de visa de résidence ; il aurait besoin d'épouser quelqu'un avec un statut légal, et je devais quand même retourner en Haïti pour amener mon fils et plus tard déménager à Montréal. Ces aspects pratiques jettent une ombre sur notre amour, rendant chaque rencontre douce-amère.

Lorsque le moment est venu pour lui de se marier pour sa résidence, nous avons partagé un dernier moment déchirant. Le jour de son mariage, juste avant qu'il n'aille à l'église, nous avons fait l'amour pour la dernière fois. Je lui ai dit que je ne pouvais pas continuer, que c'était trop douloureux. Bien que nous soyons restés en contact par téléphone, j'ai cessé de le rencontrer. Il m'a appelé à plusieurs reprises, allant même jusqu'à tendre la main à tante Dadia, qui connaissait notre secret. Mais j'ai refusé. Je lui ai dit que je l'aimais, mais qu'il valait mieux se séparer. « Tu dois penser à ton avenir, et j'ai besoin de penser au mien », ai-je dit.

Des années plus tard, nos chemins se sont à nouveau croisés par hasard. J'étais avec mon deuxième mari en voyage en Haïti, la première fois que j'y retournais depuis plus d'une décennie. Il était là aussi, toujours aussi séduisant et toujours célibataire. Nous évitions les réunions privées, sachant que la tentation serait trop forte, mais nos regards et nos brèves conversations en disaient long. Une fois, à Montréal, je l'ai vu à l'improviste dans l'escalier d'un immeuble. Mon cœur s'est presque arrêté. Il m'a pris la main, m'a embrassé le front et m'a dit : « Je pense encore à toi. » Ce simple geste était porteur d'un monde de sens.

Même après avoir quitté mon premier mari, je ne l'ai jamais contacté. Je ne voulais pas ternir la pureté de ce que nous avions partagé. Tante Dadia me dit souvent que chaque fois qu'il la voit, il me demande de mes nouvelles et veut savoir si je suis heureuse. Je suis réconforté de savoir qu'il va bien. Parfois, je rêve de lui, surtout dans les moments de tristesse. Peut-être que si nous nous étions mariés, notre amour n'aurait pas perduré. Peut-être. Mais une chose est sûre : je porterai son souvenir dans mon cœur pour le reste de ma vie.

Nounou dans le Connecticut

Lorsque j'ai commencé à chercher un poste de nounou, j'ai rencontré des défis. Sans résidence américaine, mes options étaient limitées. Pour trouver du travail, il fallait passer au peigne fin les petites annonces des journaux et espérer des opportunités. La vie chez mon frère Alain était stable au début, mais un vendredi soir, tout a changé. Alain est rentré à la maison dans un état inhabituel. Habituellement, il restait dehors tard le vendredi, prenant quelques bières avec son ami Metty. Cependant, cette nuit-là, j'ai été réveillé en sursaut et je l'ai trouvé ivre, se comportant de manière erratique. Il marmonnait de manière incohérente et ses mots sur le sexe étaient troublants. La peur me consumait, j'avais peur qu'il ne perde le contrôle et ne me blesse.

Paniquée, j'ai attrapé à la hâte quelques affaires, je me suis lavée, habillée et je suis partie pour la maison de tante Dadia en larmes. Elle était alarmée mais m'a écouté pendant que je lui expliquais ce qui s'était passé. Elle m'a rassurée malgré ses propres problèmes. Nous avons passé la nuit à marcher sur Broadway, à partager nos fardeaux et à prier à l'église. Lorsque nous sommes retournés chez Alain tôt le lendemain matin, il était parti. Nous avons préparé le dîner ensemble, et quand Alain est revenu plus tard dans la soirée, il semblait gêné mais incertain de ce que j'avais partagé avec tante Dadia. Nous n'avons plus jamais discuté de cette nuit-là, mais la tension persistait.

Déterminée à quitter la maison d'Alain, je l'ai informé que je commencerais à chercher du travail ailleurs. Mon départ de mon travail à l'usine s'est accompagné d'un adieu doux-amer : je m'étais pris d'affection pour mon patron et mes collègues, en particulier tante Dadia, qui allait continuer à y travailler pendant 30 ans. Je lui ai promis de lui rendre visite tous les week-ends. Le week-end suivant, avec l'aide d'Alain, j'ai parcouru les petites annonces et j'ai trouvé un poste de nounou prometteur. Une femme qui parlait français m'a proposé de me rencontrer dans un luxueux appartement de la Cinquième Avenue. C'était comme une intervention divine. Le lundi, j'ai commencé mon nouveau travail avec une famille de quatre personnes dans le Connecticut.

La famille m'a accueilli chaleureusement. La maîtresse de maison m'a montré leur belle maison à deux étages, avec une pièce confortable pour moi, y compris une télévision. Mes tâches étaient simples : accueillir les enfants après l'école, aider aux préparatifs du matin, s'occuper du ménage léger et laver le linge. Je me suis rapidement adaptée, trouvant de la joie dans la compagnie des enfants et l'environnement paisible. Le week-end, je retournais chez Alain, en gardant un équilibre entre le travail et la vie personnelle.

Un vendredi soir, cependant, je suis resté dans le Connecticut pour un rendez-vous avec mon amoureux. C'était avant son mariage, et il était venu me rencontrer. Pour la première fois, j'ai passé la nuit avec lui. Submergé par l'émotion, j'ai oublié d'informer Alain de mon changement de plans, ce qui l'a fait paniquer lorsque je ne suis pas arrivée le samedi matin. Il a appelé mon employeur pour confirmer que j'étais allé en ville, mais au moment où je suis arrivé, il était visiblement inquiet. Je me suis excusé, inventant une excuse pour avoir raté le train. C'était la première fois que je mentais, mais mon bonheur éclipsait toute culpabilité.

Trois semaines plus tard, j'ai quitté mon poste de nounou. Les quatre mois que j'ai passés là-bas m'ont permis d'économiser suffisamment d'argent pour envoyer des fonds à Tony pour son passage au Canada. Par la suite, je suis passé à une usine du Bronx où l'on fabriquait des sacs à cosmétiques en plastique. Là-bas, j'ai appris à coudre sur des machines industrielles, en apprenant l'espagnol de base de mes collègues hispaniques. Cependant, l'emplacement de l'usine était dangereux et les déplacements de nuit étaient une source constante de peur. Je portais un chapelet pour me protéger et j'évitais les heures supplémentaires autant que possible.

La femme d'Alain l'a finalement rejoint à New York, ce qui m'a incité à trouver un nouveau logement. Après deux mois passés chez une femme qu'Alain connaissait, je suis retourné vivre avec Alain et sa femme, bien que des tensions soient rapidement apparues. Ida, sa femme, me méprisait et me laissait souvent sans manger, répandant des mensonges à Alain. Cela me rappelait mon enfance en Haïti. Au moment où j'ai acheté mon billet d'avion pour

Haïti, je me sentais complètement épuisée. J'ai compté les jours jusqu'à ce que je puisse quitter New York et retrouver mon fils.

Le 31 décembre 1970, j'ai quitté New York. Mon départ a été marqué par l'épuisement et le soulagement. Même Alain, qui ne m'a pas aidé avec mes sacs, semblait indifférent. J'ai juré de ne jamais retourner à New York, sauf en tant que touriste. Malgré les difficultés, la ville m'a enseigné des leçons inestimables. J'ai acquis de la résilience, de l'indépendance et une compréhension plus profonde des défis de la vie.

New York était un paradoxe, à la fois intimidant et fascinant. Sa vaste architecture et ses rues animées offraient beauté et énergie, mais vivre là-bas était une autre histoire. J'aimais me promener dans Central Park, prier dans l'église d'Amsterdam Street et faire du lèche-vitrine à Broadway. J'ai été émerveillé par la musique du début des années soixante-dix, de l'ascension de Michael Jackson aux Beatles en passant par les derniers jours d'Elvis Presley. Ces petites joies offraient un répit à la réalité écrasante de la vie urbaine.

En y réfléchissant, je me rends compte que New York m'a façonné d'une manière que je n'aurais jamais imaginée. C'était une ville de rêves, mais pour moi, c'est devenu un creuset, un endroit où j'ai appris la résilience et l'indépendance. Je suis reconnaissant pour les leçons mais je n'ai aucune envie de les revivre. La ville reste un endroit que j'aime visiter, mais mon cœur appartient à des expériences plus simples et plus ancrées.

Retrouvailles avec mon fils

La veille du jour de l'An, le 31 décembre 1970, je suis arrivé et j'ai trouvé mon frère Raymond, Jacques et un autre ami qui m'attendaient. Mon fils n'était pas là ; Il était trop jeune pour faire le voyage. Voir Jacques m'a rempli de bonheur, mais je n'avais qu'un seul plan : je ne resterais pas à Port-au-Prince. J'avais besoin d'être à Miragoâne pour passer minuit et le jour de l'an avec mon enfant et ma tante Dieula. Raymond a loué un petit camion et nous sommes partis au milieu d'une circulation dense sur des routes accidentées. Lorsque le camion n'a pas pu gravir le Morne Tapion, nous n'avons pas eu d'autre choix que de marcher pendant plus d'une heure.

Au moment où nous atteignîmes Miragoâne, il faisait nuit, mais la ville était animée par l'énergie du réveillon du Nouvel An. Mon fils dormait déjà quand je suis arrivée. Je l'embrassai doucement, submergée de joie de le revoir, lui et tante Dieula. Il avait tellement grandi. Comme je l'avais demandé, tante Dieula avait préparé du cabri, un plat à base d'abats, accompagné d'une purée de pigeon pois et de riz blanc, mon plat préféré. La faim rendait chaque bouchée plus satisfaisante. Après le dîner, j'ai marché jusqu'à Bord-de-Mer pour saluer ma marraine et ma sœur Claire, qui étaient occupées à leur tradition annuelle de nettoyer en profondeur leurs maisons pour le Nouvel An – une coutume en Haïti. C'était merveilleux d'être entouré de ma famille, de partager ce moment avec Jacques, notre amour secret caché de tout le monde.

De retour chez tante Dieula, j'ai dormi à côté de mon fils. Le lendemain matin, il s'est réveillé et m'a trouvé là. Sa timidité initiale a fondu rapidement lorsque nous nous sommes embrassés, ses grands yeux me fixant avec amour. Il avait besoin d'affection, une chaleur que je n'avais pas pu lui donner auparavant. Alors qu'il n'était qu'un bébé, je l'ai confié à tante Dieula, sa marraine, à cause de ma santé fragile. Ses cris nocturnes m'épouvantaient, car je craignais que les loups-garous n'arrivent. Son père, Tony, lui a donné la fessée même lorsqu'il était bébé, ce qui m'a poussé à chercher de l'aide. Tante Dieula, avec le soutien de sa nounou Lisette, l'accueille. Mais pendant mon séjour à New York, il est tombé gravement malade. Tante Dieula ne me l'a jamais dit ; Elle ne voulait pas que je m'inquiète. Maintenant, entendre à quel point il avait frôlé la mort me remplissait de gratitude pour ses soins et de chagrin pour le temps que j'avais perdu avec lui.

Le jour de l'An a apporté un flux constant de visiteurs dans notre cour. Tante Dieula préparait son célèbre café épais et fort, servi sans dilution, tandis que les voisins passaient pour siroter et discuter. Fidèle à elle-même, elle grondait de manière ludique les premiers visiteurs, prétendant qu'elle n'était pas réveillée, bien que tout le monde connaisse sa routine.

La voir interagir avec la communauté était une joie, un témoignage de son esprit dynamique.

Chaque repas avec mon fils devenait un rituel qui m'amusait et me touchait à la fois. Tante Dieula préparait sa soupe au pain chaque matin, une tâche qui durait près de deux heures. Elle le nourrit patiemment, cuillère par cuillère, et utilisa une petite branche de bois comme une menace simulée pour l'encourager à avaler. À midi, le même rituel s'est déroulé, avec son humour et sa bienveillance qui transparaissaient.

Bien que je lui parlais en français, il me répondait en créole, une langue que je n'avais pas beaucoup parlée depuis des années. C'était difficile de le comprendre au début, mais nous avons trouvé notre rythme. J'ai également appris la nouvelle troublante que quelqu'un aurait tenté de lui faire du mal pendant mon absence – une histoire que tante Dieula m'a cachée pour éviter de m'alarmer. Je ne savais pas si je devais y croire, mais cette pensée me hantait.

Tony, son père, n'avait pas versé un centime pour ses soins, bien que j'aie envoyé fidèlement de l'argent chaque mois. Au lieu de cela, il a dilapidé les fonds pour d'autres femmes. J'ai apporté des reçus de mes paiements pour prouver à tous ceux qui doutaient de mes efforts. Le fardeau de sa négligence retombait entièrement sur moi, mais je me consolais en sachant que j'avais fait ma part.

Après les vacances, je me suis rendue à Port-au-Prince pour préparer le passeport de mon fils afin que nous puissions rentrer au Canada ensemble. Une fois les démarches administratives en cours, je suis retourné à Miragoâne. J'ai réembauché Zita, une ancienne femme de ménage, pour m'aider aux repas et à la lessive pendant mon séjour. Ces semaines en Haïti ont été un mélange de repos, de visites avec des amis et de moments précieux à jouer avec mon fils. J'ai même pris le temps de partager le bonheur tranquille avec Jacques, qui a apporté de l'amour et de la lumière dans ma vie malgré la complexité de notre situation.

À l'approche de mon départ, je me suis senti déchiré. Quitter Haïti signifiait la sécurité et un nouveau départ au Canada avec mon fils, mais aussi dire au revoir à Jacques, à tante Dieula et à la communauté qui s'était occupée de mon enfant en mon absence. À l'aéroport, entourée de ma famille et d'amis, j'ai serré mon fils dans mes bras, m'accrochant à la promesse d'un avenir meilleur ensemble. Haïti s'est estompé au loin lorsque l'avion a décollé, mais son empreinte dans mon cœur est restée –

un mélange d'amour, de chagrin et de résilience qui m'a emporté dans le prochain chapitre de ma vie.

9

Neuvième Vie.

Passage Par Haïti

Rencontre avec Jacques à Haïti

En voyant Jacques à l'aéroport, j'ai ressenti une vague d'émotion. Il m'attendait, sa présence reconnaissable au milieu de la foule animée. Ce soir-là, après avoir atteint Miragoâne, nous n'avons pas pu trouver un moment seuls ensemble. Je me concentrais sur mon enfant, je voulais passer au moins deux jours entièrement avec lui. Jacques comprit et attendit patiemment.

Le troisième jour, nous avons visité la maison familiale où seul Raymond vivait. Dès que nous fûmes seuls, nous nous embrassâmes, des retrouvailles chargées de nostalgie. Les mots étaient inutiles ; Notre lien était palpable et nous avons passé l'après-midi dans les bras l'un de l'autre. Jacques m'a avoué à quel point je lui avais manqué et a pensé à moi, et je lui ai dit que j'avais ressenti la même chose. Le bonheur nous a enveloppés. Plus tard, chez tante Dieula, nous avons continué à nous jeter des regards, savourant les moments que nous partagions. Cette nuit-là, nous avons dormi dans le même lit, notre amour caché au monde. Si tante Dieula s'en apercevait, elle gardait ses observations pour elle.

Lorsque Jacques a dû se rendre aux Cayes, j'ai décidé de le rejoindre. Avant de partir, j'ai donné de l'argent à tante Dieula pour couvrir les dépenses pendant notre absence. C'était la saison du carnaval et je n'avais aucun intérêt pour les célébrations de Mardi-Gras. Le père de Jacques avait une voiture, et nous nous sommes aventurés loin, notre voyage rempli de rires, d'amour et de l'esprit insouciant de la jeunesse. Nous avons fait l'amour à ciel ouvert et dans les bois, nous sentant invincibles. La nuit, nous faisions semblant de dormir séparément – lui dans son lit et moi dans le mien – seulement pour qu'il se mette sur la pointe des pieds. Notre passion était dévorante, laissant peu de temps pour la nourriture ou le repos. Je l'aimais profondément, et il m'aimait, mais cet amour était différent de ce que j'avais vécu avec mon ami new-yorkais.

De retour à Miragoâne, j'ai passé une semaine consacrée à mon fils. Je chérissais chaque instant, le regardant dormir et se sentir plus à l'aise en ma présence. Pourtant, le soir, j'ai retrouvé Jacques, notre temps ensemble rempli d'une intensité qui n'a fait que renforcer notre lien.

Nous sommes finalement retournés à Port-au-Prince pour que je m'occupe des documents nécessaires à mon passeport et à mon visa canadien. Jacques est resté près de nous et nous ne nous sommes jamais perdus de vue. C'est à ce moment-là qu'il m'a avoué qu'il avait vu deux femmes pendant que j'étais à New York – l'une voisine et l'autre quelqu'un qu'il a décrit comme une distraction passagère. Au début, j'ai été blessée par cette révélation, mais en réfléchissant à ma propre situation, j'ai réalisé que nous avions toutes les deux cherché du réconfort pendant notre séparation. Son honnêteté et son assurance ont atténué tous les sentiments blessés, et notre amour est resté fort.

Puis, je suis tombé malade. Pendant deux jours, j'ai souffert d'une fièvre qu'aucun médicament ne pouvait briser. Tante Dieula, à sa manière ingénieuse, a préparé un remède puissant. Elle m'a massé, m'a donné une concoction amère à boire et est restée à mes côtés pendant que je transpirais toute la nuit, changeant de vêtements trois fois. Au matin, la fièvre avait disparu. Quand je lui ai demandé ce qu'elle avait fait, elle a simplement répondu : « Vous êtes guérie, et c'est tout ce que vous devez savoir. » Ses soins et son amour m'ont rappelé le lien indéfectible que nous partagions.

Peu de temps après, ma sœur a envoyé des billets d'avion pour moi et mon fils. Tony a prétendu qu'il arrangerait ses papiers pour nous rejoindre à Montréal, demandant à son père un soutien financier puisqu'il travaillait rarement. J'avais des doutes, mais je me concentrais sur la joie de retrouver ma famille au Canada.

Trois mois ont passé en Haïti, des mois remplis d'amour, de rires et de souvenirs avec mon fils, Jacques, et ma tante Dieula. Le jour de mon départ, Jacques, Rivard (l'enfant de ma sœur Claire), Raymond et d'autres m'ont accompagné à l'aéroport.

Quitter Haïti a été doux-amer. Je me suis sentie soulagée de savoir que j'allais enfin construire une vie avec mon fils au Canada, loin de l'insécurité de mon pays natal. Mais la tristesse de quitter Jacques, tante Dieula et d'autres personnes que j'aimais me pesait lourdement. Je redoutais aussi les inévitables retrouvailles avec Tony. Mon esprit s'emballait d'incertitude quant à ce qui m'attendait, mais mon cœur a trouvé du réconfort dans le but de mon voyage : récupérer mon fils et commencer un nouveau chapitre de notre vie ensemble.

Lorsque l'avion a décollé, j'ai laissé derrière moi une partie de moi-même en Haïti, mais j'avais de l'espoir pour l'avenir, un avenir où mon fils et moi pourrions trouver la paix et construire une vie selon nos propres conditions.

10
Dixième Vie
D'Haïti À
Montréal

La rue Saint-Denis avec Tony

Pendant tout le voyage à Montréal, mes pensées tournaient autour d'une question : comment pourrais-je vivre avec un homme que je n'aimais pas ? Je me suis rappelé : *« Laissez-le entre les mains de Dieu ; Il me guidera.*

Lorsque nous avons atterri le 19 avril 1971, j'ai été accueilli par des nouvelles surprenantes de l'agent d'immigration. Alors que je passais avec mon fils, l'officier m'informa que François Duvalier, « Papa Doc », était mort. L'information a semblé faciliter mon passage, car j'y suis entré en tant que touriste, affirmant que je rendais visite à ma sœur.

À la sortie de l'aéroport, Irène, Robert et Tony m'attendaient. Ils nous ont embrassés, Max et moi, chaleureusement. Revoir mes frères et sœurs après tant d'années m'a rempli de joie. Le trajet en voiture jusqu'à la maison d'Irène était calme et paisible, si différent du chaos de New York. Je suis immédiatement tombée amoureuse de Montréal. Ses rues calmes et son air pur m'ont captivé, et j'ai imaginé y reconstruire ma famille, même si mon mariage avec Tony ressemblait à une mascarade. « *Enfin,* pensais-je, *nous pouvons être ensemble, malgré tout.* »

Irène habite rue Saint-Denis, près de Rachel, dans un modeste appartement avec balcon. Le salon, la kitchenette et la salle de bain dans le couloir commun étaient tous bien entretenus. Elle a partagé l'espace avec Robert et Tony, et bientôt, mon fils et moi les rejoindrions.

La vie à Montréal semblait plus simple et moins chère à l'époque. Après être restée avec Irène pendant une semaine, elle s'est arrangée pour que le concierge nous loue un appartement dans le même immeuble pour 80 $ par mois. Il s'agissait d'un appartement de deux pièces avec une chambre fermée, une cuisine, une salle de bain partagée dans le couloir et un balcon arrière. Les locataires de notre étage comprenaient Irène, une gentille Québécoise âgée nommée Mme Fara, et nous. À l'étage inférieur vivaient notre cousine Viviane, son amie Dona et la petite amie de Dona, Danie. C'était comme une petite communauté. Le bâtiment était entièrement meublé, avec électricité incluse, et nous y sommes restés pendant un an.

Le printemps à Montréal était encore froid, avec la fonte des neiges bordant les rues. Irène nous a gracieusement prêté son lit, où Max dormait entre Tony et moi. J'ai été soulagé par cet arrangement – cela m'a donné une raison d'éviter l'intimité avec Tony. Au bout d'une semaine, nous avons emménagé dans notre appartement, où je ne pouvais plus éviter de partager un lit avec lui. Chaque nuit était comme un tourment. J'ai enduré son toucher et feint des émotions que je ne ressentais pas, faisant semblant pour les apparences. Tout mon être l'a rejeté.

Nous avons convenu de ne pas avoir d'autre enfant, surtout après avoir vu comment il traitait Max. Quand Max refusait de manger, Tony le frappait en hurlant jusqu'à ce que le garçon soit terrifié. Max s'accrochait constamment à moi, refusant de me quitter même lorsque j'allais aux toilettes. Il craignait profondément son père. Seules Irène et Viviane parviennent à le calmer. Il adorait Viviane, trouvant du réconfort dans sa présence.

Au bout d'une semaine, j'ai dû trouver du travail. Viviane m'a aidé à trouver un emploi là où elle travaillait, mais j'avais besoin de quelqu'un pour surveiller Max. Une femme vivant en bas semblait être une bonne option, mais la réaction de Max à son égard était révélatrice. Le premier jour avec elle, il a tellement pleuré que j'ai moi-même fondu en larmes. J'avais mal au cœur quand je l'ai quitté, promettant des jouets et des bonbons dont il ne se souciait pas. J'ai commencé à faire fonctionner une machine à coudre pour 2 $ de l'heure, soit un peu plus que les 1,60 $ que beaucoup gagnaient. Ce n'était pas loin de chez moi, alors j'allais au travail à pied tous les jours. Malgré le trajet gérable, je n'ai tenu que deux mois.

La vie à la maison est devenue de plus en plus tendue. Max méprisait sa baby-sitter, et je comprenais pourquoi. Ses pleurs constants étaient la preuve qu'elle n'était pas faite pour lui. La nuit, les avances de Tony ont continué, me laissant me sentir piégée. Même lorsque je résistais, il prenait ce qu'il voulait, ce qui approfondissait encore mon ressentiment.

Quand j'ai remarqué que mes règles étaient en retard, je suis devenue anxieuse. À peu près à la même époque, j'ai renoué avec Madame Maurice, une amie de New York. Elle tenait un pensionnat à Ste-Thérèse de Blainville et m'a présenté à une Québécoise qui s'occupait des enfants. En visitant sa maison, j'ai vu à quel point elle comprenait les enfants comme Max. Il s'est immédiatement senti à l'aise en jouant avec les autres enfants. Au moment de partir, il m'a embrassé sans pleurer. Je me suis sentie soulagée de le savoir heureux et en sécurité, loin de la dureté de son père.

Après avoir installé Max, je me suis concentré sur la recherche d'un meilleur travail. Les emplois en usine étaient peu rémunérés – 1,60 $ ou 2 $ de l'heure – mais j'étais déterminé à gagner plus. J'ai quitté un emploi à midi et je suis entrée dans le Paris Star sur la rue Rachel, où j'ai été embauchée sur-le-champ pour 3 dollars de l'heure. Le travail était exténuant, sans pause, et j'ai démissionné au bout de trois jours. Pas découragée, j'ai cherché dans les petites annonces et j'ai trouvé une annonce à la recherche de quelqu'un avec une expérience de la couture et des compétences de base en anglais. J'ai appelé, pris rendez-vous pour un entretien et rencontré le directeur. Il m'a présenté à Mlle Kenny, une femme juive qui ne parlait pas français. Elle a placé un paquet de chemisiers devant moi, et un autre ouvrier m'a montré comment les coudre. Je l'ai compris rapidement et, à la fin de la journée, j'ai été embauché pour 3,75 $ de l'heure.

Excitée, je me suis précipitée à la maison pour annoncer la nouvelle à Irène et à nos amis. Ils étaient stupéfaits que j'aie trouvé un emploi payé plus de 2 $ de l'heure. Je lui ai expliqué : « *Il suffit de le chercher.* » J'y ai travaillé pendant un an et demi avant de quitter définitivement l'usine.

Malgré les difficultés avec Tony et le chagrin de quitter Max chaque jour, j'ai gardé espoir. Montréal était une ville d'opportunités, et j'étais déterminé à créer une vie meilleure pour mon fils et moi, peu importe le prix.

Bitou Et Sa Petite Soeur

Alors que Max est en pension chez Madame Léon à Ste-Thérèse, sa santé commence à décliner. Un de ses amis, qui s'était pris d'affection pour Max, me présenta à madame Liliane Bélisle. Madame Bélisle était une femme chaleureuse et maternelle qui vivait dans un grand duplex avec son mari et ses quatre enfants à Ste-Thérèse de Blainville. Sa plus jeune fille, Francine, avait le même âge que Max, ce qui rendait l'arrangement encore plus idéal. Elle a embrassé Max comme l'un des siens, lui demandant de l'appeler « Maman Bélisle ». Cela m'a réconforté, j'ai pu voir à quel point il était heureux avec sa famille.

Chaque fois que je lui rendais visite pendant les vacances, Max pleurait quand il était temps de partir, refusant de rentrer à la maison avec moi. Pourtant, ses larmes me rassuraient ; Ils étaient la preuve de la façon dont on s'occupait de lui. Madame Bélisle n'a jamais demandé de paiement, mais j'ai insisté pour lui donner de l'argent, qu'elle a utilisé pour acheter des vêtements et d'autres nécessités pour Max. Sous sa direction, Max s'est épanoui. Elle lui a appris à parler, à manger correctement et à s'adapter à une routine structurée. Cependant, sa transition entre les foyers a conduit à un défi linguistique particulier. Chez tante Dieula, il avait eu du mal avec le créole ; avec ses nourrices à Montréal, il apprend le français québécois. Il a fallu du temps et de la patience pour concilier ces influences avec le français standard, mais nous avons fini par résoudre le problème.

Max était un beau bébé, pesant 10 livres, avec des cheveux fins, une peau jaune et des yeux ronds et expressifs. Il pleurait souvent, ce que j'attribuais à ma propre anxiété. Lorsqu'il est resté avec tante Dieula en Haïti, il est devenu plus calme, trouvant du réconfort dans ses soins. Pourtant, malgré l'affection qu'on lui témoignait, une tristesse persistait dans ses yeux, une tristesse qui ne s'est pas estompée jusqu'à ce qu'il me retrouve. Il s'accrochait à moi, craignant que je ne reparte. Peu à peu, sa confiance grandit, surtout après qu'il eut commencé à vivre avec Mme Bélisle. Là, sa joie est revenue et il s'est épanoui en un petit garçon enjoué et turbulent.

Madame Bélisle traitait Max comme son propre enfant et le gâtait d'affection. Une fois, lors d'une sortie, son énergie a failli causer un désastre. Alors qu'elle tenait les mains de Max et de Francine, elle perdit momentanément son emprise sur Max, et il s'approcha dangereusement d'un train. Une autre fois, il a malicieusement mis de la saleté dans le système de chauffage au gaz de la maison. Malgré sa nature fougueuse, elle l'aimait profondément, et j'étais infiniment reconnaissant pour ses soins.

Max a passé des vacances comme Pâques et Noël avec nous, mais est toujours resté méfiant envers son père. Sa peur était palpable, et c'est une chance que Jacques nous ait finalement rejoints au Canada. La présence de Jacques apportait un équilibre et une douceur que Max recherchait.

Pendant que Max s'adaptait à sa nouvelle vie, ma santé a commencé à se détériorer. J'ai manqué mes règles, je me sentais faible et je ne pouvais pas manger. J'ai vite compris que j'étais enceinte. Pâle et épuisé, j'ai eu du mal à accomplir mes routines quotidiennes. Tony, comme toujours, était indifférent. Quand je lui ai dit que j'avais besoin de voir un médecin, il m'a répondu sèchement : « *Va seul. L'hôpital est proche.* Son manque d'intérêt m'a piqué mais ne m'a pas surpris.

Un soir, alors que je me baignais, j'ai remarqué du sang dans l'eau et j'ai paniqué. Le lendemain matin, ma sœur Irène m'a emmené à l'hôpital. Le médecin a confirmé que j'étais enceinte de deux mois et m'a ordonné de rester strictement au lit, avertissant que la vie de mon bébé était en danger. Je savais que je ne pouvais pas m'arrêter de travailler, pas avec l'indifférence de Tony et nos difficultés financières. Ce soir-là, j'ai commencé à ressentir des douleurs aiguës et Irène a appelé une ambulance. Avant qu'il n'arrive, j'ai senti quelque chose passer, une masse de sang en forme d'œuf. Mon cœur s'est serré. À l'hôpital, le médecin a confirmé que j'avais perdu le bébé. Je suis restée trois semaines pour me faire soigner, affaiblie par l'anémie.

La perte a été complexe. Je n'étais pas submergé par le chagrin, mais je n'étais pas non plus indifférent. Je savais que l'enfant n'était pas celui de Tony ; c'était celle de Jacques. Dans mon cœur, je croyais que cette défaite était pour le mieux. Je n'aimais pas Tony et je ne pouvais pas imaginer élever un autre enfant avec lui. Écrire à ce sujet apporte maintenant un étrange sentiment de libération – je partage cette vérité pour me libérer de son ombre.

De retour à la maison, j'ai repris mes routines et j'ai rapidement trouvé un autre emploi. Ma résilience m'a permis d'avancer, même si la vie avec Tony devenait de plus en plus insupportable. Il jouait, ignorait ses responsabilités et montrait peu d'intérêt pour Max. Bien que sa famille me reproche son manque de soutien, je leur ai envoyé de l'argent moi-même, sachant que c'était la bonne chose à faire.

L'été a apporté des moments de répit. J'ai passé du temps à l'île Sainte-Hélène avec des amis et à l'occasion avec Tony. Max s'est joint à nous pendant deux semaines et a apprécié les voyages à La Ronde, où son rire et sa curiosité m'ont remonté le moral. Il adorait Viviane et même Mme Fara, la voisine âgée qui le gardait parfois. Ces brefs moments de bonheur m'ont rappelé ce que je recherchais : un avenir meilleur pour Max et moi-même.

À l'arrivée de l'automne, une mélancolie familière s'est fait sentir. Les feuilles qui tombaient reflétaient la lourdeur de mon cœur. Je n'avais jamais aimé l'automne, j'avais l'impression que la vie elle-même se retirait avec le changement de saison. Ma sœur Irène m'a remonté le moral lors d'une fête d'anniversaire le 1er octobre, réunissant famille et amis, dont Max. Alors que je recevais des cadeaux attentionnés de tout le monde, Tony, comme d'habitude, n'a rien donné, pas même une carte. Son indifférence était un rappel douloureux de la déconnexion entre nous.

Pourtant, je me suis concentrée sur mon fils, mon travail et mes rêves d'indépendance. Montréal offrait des opportunités, et j'étais déterminé à en tirer le meilleur parti. Chaque pas en avant me rapprochait de la vie que j'envisageais – une vie libérée de l'ombre de Tony et remplie d'espoir pour Max et moi.

Mon premier Noël à Montréal

Mon premier Noël à Montréal en 1971 m'a apporté un sentiment de joie et de réconfort, malgré les défis de ma vie. J'étais entourée de mon fils, de ma sœur Irène, de mon plus jeune frère Robert et d'amis qui se souciaient de moi. La vie a continué comme d'habitude, même s'il était clair que je devais assumer la plupart des responsabilités. Je me suis acheté des manteaux et des bottes d'hiver pendant que Mme Bélisle s'assurait que Max était bien habillé pour le froid. Tony, comme toujours, a prétendu qu'il n'avait pas d'argent, me laissant couvrir les dépenses. Irène m'a souvent aidé, sachant que j'avais des ressources limitées.

Le mois de novembre est arrivé et je me suis préparée pour ma première expérience de l'hiver à Montréal. Les chutes de neige ont commencé tôt, transformant la ville en un paysage blanc immaculé. La neige recouvrait les toits, les arbres et les rues, un contraste frappant avec New York, où la neige arrivait généralement après les vacances. Je me suis émerveillé de la beauté de tout cela, mais j'ai vite appris à quel point l'hiver canadien pouvait être rigoureux.

Un samedi, Viviane et moi sommes allées faire du shopping sur la rue Mont-Royal, près de Saint-Laurent. La journée avait commencé doucement, avec un ciel dégagé, alors nous sommes partis sans gants ni vêtements d'hiver appropriés. En parcourant un magasin, j'ai remarqué que la neige tombait dehors, mais j'y ai prêté peu d'attention. Quand nous sommes finalement partis, la neige s'était accumulée, le vent hurlait et les rues étaient presque impraticables. Nos mains et nos pieds étaient gelés, et le froid mordant me faisait monter les larmes aux yeux. Le voyage de retour, bien que n'étant que de courte distance, a pris plus d'une heure de lutte contre la tempête.

À l'approche de Noël, la ville s'est animée de décorations festives.

Les magasins, les maisons et même les lieux de travail étaient ornés de lumières et d'ornements, créant une atmosphère joyeuse. Les employeurs organisaient des fêtes et distribuaient des primes, ajoutant à la joie des fêtes. Irène et moi avons assisté ensemble à la messe de minuit, suivie d'un dîner de célébration. J'avais acheté un sapin de Noël, que Max et moi avons décoré dans l'appartement d'Irène car son espace était plus grand. La famille et les amis ont échangé des cadeaux sous le sapin, et pendant un moment, j'ai oublié l'indifférence de Tony. Bien que sa présence m'ait souvent apporté de la tristesse, j'étais entourée de la chaleur de mes proches. Ma pensée se reportait souvent sur Jacques, qui restait près de mon cœur.

À l'approche du Nouvel An, beaucoup de nos amis ont commencé à quitter la ville. Les familles se sont réunies, la situation financière s'est améliorée et les maisons plus grandes sont devenues une priorité. Nélia et son mari ont déménagé avec leurs enfants, et la femme de Dona l'a rejoint, ce qui a également déclenché leur déménagement. Même Viviane, qui avait obtenu un emploi dans une banque, prévoyait partir pour une maison à Saint-Léonard en mai. Ce cycle de transition était typique des immigrants, commençant par de petits espaces partagés et finissant par déménager dans des logements plus confortables à mesure que la stabilité grandissait. L'appartement d'Irène a longtemps servi de plaque tournante pour les nouveaux arrivants, offrant un endroit où séjourner et trouver un point d'ancrage. Sa générosité a aidé d'innombrables personnes, y compris moi-même.

En avril, nous avons reçu une lettre de Jacques annonçant sa visite en juillet. J'ai suggéré à Tony que nous louions un appartement plus grand, mais il a résisté, privilégiant son désir d'une voiture à notre situation de vie. Frustré mais déterminé, j'ai élaboré un plan. Un soir, en m'asseyant avec Tony, j'ai exposé une solution :

"Tony, tu veux une voiture, et je veux un appartement plus grand avec des meubles. Voici ce que nous allons faire. Nous nous rendrons ensemble à la banque et demanderons un prêt. D'abord, nous fixerons le prix de la voiture et des meubles, nous apporterons les factures à la banque, et ils ne nous refuseront pas.

Il a hésité, se demandant comment nous allions gérer les remboursements. J'ai proposé de partager les coûts :

« Je paierai la nourriture, l'électricité, le téléphone et la nounou de Max. Vous pouvez couvrir le loyer.

Même si j'assumais un fardeau financier plus lourd, c'était la seule façon d'avancer. Je l'ai rassuré en lui disant que l'arrivée de Jacques pourrait aider à alléger le coût du loyer. À contrecœur, Tony a accepté. Une semaine plus tard, nous avons obtenu le prêt. Tony a acheté la voiture de ses rêves, une Vega jaune vif, pendant que je me concentrais sur l'ameublement de notre nouvelle maison.

Nous avons trouvé un appartement spacieux et abordable à Longueuil avec deux grandes chambres, une grande cuisine, un salon et un balcon donnant sur un champ ouvert. La verdure faisait appel à mon amour de la nature. L'appartement m'a semblé être un nouveau départ, et j'ai passé le mois d'avril à me préparer soigneusement pour le déménagement. J'ai acheté de la vaisselle, des meubles et d'autres articles essentiels, anticipant une vie meilleure pour Max et moi-même.

Le printemps a apporté un sentiment de renouveau. Jean, un ami de la famille, a emménagé dans le même immeuble à Longueuil avec sa femme et ses enfants. Nos déménagements étaient synchronisés pour le 1er mai, et à mesure que le jour approchait, l'excitation grandissait. Bien que je quitte la rue Saint-Denis, où une grande partie de mon voyage avait commencé, je me sentais prêt pour le prochain chapitre. Irène est restée dans le bâtiment pendant un certain temps avant de finalement déménager à son tour.

Ce Noël, malgré les difficultés, a marqué un tournant. Cela m'a rappelé l'importance de la famille, de la résilience et de l'espoir de construire un avenir meilleur. La neige, bien que froide et implacable, symbolisait un nouveau départ, un départ que j'étais déterminé à prendre.

Longueuil

À Montréal, le jour traditionnel du déménagement était autrefois le 1er mai, mais au moment où nous avons déménagé, il avait été déplacé au 1er juillet. Le jour venu, ma sœur Irène et moi sommes allées nettoyer l'appartement et préparer la livraison des meubles. L'appartement était tout neuf, donc il n'y avait pas grand-chose à nettoyer. Nous avons organisé les ustensiles de cuisine, la vaisselle, le linge de maison et les vêtements, en nous assurant que tout était en place avant l'arrivée des déménageurs. Lorsqu'ils ont livré les meubles, j'ai ressenti une vague de bonheur en voyant le nouvel espace prendre forme.

Par la suite, nous avons ramené Irène chez elle à Montréal, et quand je suis retourné à Longueuil, je me suis retrouvé dans un bel appartement avec des meubles flambant neufs et une voiture flambant neuve dans l'allée. Tony, bien sûr, était ravi, non pas parce qu'il l'avait mérité, mais parce qu'il aimait récolter les fruits des efforts des autres. Je n'ai pas pu m'empêcher de penser : *« C'est bien beau, mais nous devons travailler dur pour rembourser ces dettes, il n'y a pas de temps pour la paresse. »*

Notre nouvelle vie à Longueuil a commencé. J'ai passé le week-end à m'installer, à déballer et à organiser l'appartement. Pendant ce temps, Tony a fait un tour avec la voiture, la montrant à tout le monde. Il avait réalisé son rêve, grâce à Irène et à moi, Irène nous avait prêté l'argent pour l'acompte de la voiture, un prêt que Tony n'avait jamais eu l'intention de rembourser. Il n'a pas fallu longtemps pour que les inconvénients de la vie à Longueuil se révèlent. Traverser le pont Jacques-Cartier aux heures de pointe est rapidement devenu une épreuve quotidienne. Les embouteillages encombraient le pont tous les matins et tous les soirs, quelle que soit l'heure à laquelle nous partions. J'étais si souvent en retard au travail que je commençais à me réveiller de plus en plus tôt, même si cela n'aidait pas toujours.

Malgré ces défis, je voulais que Max profite du nouvel appartement. Je l'ai amené pour une visite d'un week-end, mais il a trouvé l'endroit trop calme. Il était habitué à l'ambiance animée de Madame Bélisle et de notre ancien quartier, où la famille et les amis allaient et venaient toujours. Cette énergie me manquait aussi. À la maison, j'avais peu ou pas de conversation significative avec Tony. La plupart du temps, il ne me parlait que pour parler d'argent ou pour me lancer des insultes. Pourtant, la nuit, il exigeait toujours de l'intimité, que je supportais sans affection. Pour éviter d'alourdir notre fardeau financier, je l'ai convaincu que nous ne pouvions pas nous permettre d'avoir un autre enfant.

De simples courses, comme l'épicerie, sont devenues une source de conflit. Tony refusait souvent de m'emmener au magasin, et je devais souvent lui rappeler : « *Si tu ne m'emmènes pas, je ne cuisinerai pas.* » Ses priorités étaient ailleurs, passant la plupart de ses soirées à jouer aux cartes à Montréal. Finalement, j'ai décidé que j'en avais assez. Je suis

sorti et j'ai obtenu mon permis d'apprenti conducteur. De retour à la maison, j'ai annoncé : « *Puisque tu ne veux me conduire nulle part, et que j'ai besoin de la voiture, tu vas m'apprendre à conduire. J'ai déjà mon permis d'apprenti.*

Tony a hésité mais a finalement accepté, voyant l'aspect pratique de ma suggestion. « *Quand on va à Montréal, j'* ai ajouté, *je peux te déposer là où tu dois aller et utiliser la voiture pour faire tes courses.* » Cela semblait être une solution raisonnable.

Les leçons ont commencé, mais elles étaient loin d'être agréables. Presque tous les soirs, il me donnait des leçons de conduite, et presque tous les soirs, nous finissions par nous disputer. Il me criait dessus constamment, son impatience se transformant en colère. La tension a rendu toute l'expérience insupportable. Après une semaine de ses cris et de nos querelles sans fin, j'ai complètement abandonné l'idée. Cela n'en valait tout simplement pas la peine.

Utilisation ironique d'une expression respectueuse : monsieur ou l'homme.

Jacques à Montréal

Un soir, alors que Tony et moi étions chez ma sœur Irène, nous avons reçu un coup de téléphone de Jacques. Il annonce qu'il arrivera le samedi 15 septembre 1972. Tony avait l'air ravi, je savais pourquoi. Jacques l'aiderait à payer le loyer. Pour moi, l'arrivée de Jacques a signifié tout autre chose. Je me suis dit : *« Enfin, l'homme que j'aime sera à mes côtés. Quand Tony sortira, je ne me sentirai pas si seule.*

Le jour de l'arrivée de Jacques, nous avons attendu chez Irène, prévoyant de partir pour l'aéroport vers 19h30, car Jacques avait dit que son vol atterrirait à 20h. Juste au moment où nous étions sur le point de sortir, la sonnette a sonné. Je l'ai ouvert et je me suis figé. Il y avait Jacques, debout en haut de l'escalier avec sa valise, l'air de quelqu'un qui s'y connaissait déjà. Il était 7 heures. Son sourire familier m'a frappé comme si je le voyais pour la première fois. Il semblait plus mûr, plus sérieux, un homme retrouvé.

À l'intérieur, tout le monde demanda : « Qui est à la porte, Enice ? » Me ressaisissant, je répondis doucement : « C'est Jacques. »

Leurs réponses ont fait écho à l'incrédulité : « C'est impossible ! L'immigration ne nous a pas appelés. Comment est-il arrivé ici tout seul ?

Lorsque Jacques entra, la pièce devint silencieuse. Sa présence était magnétique, et tous les yeux étaient rivés sur lui. Il a salué tout le monde avec un joyeux « Bonjour ! » La confiance et le sang-froid de Jacques ont captivé toutes les personnes présentes. Ils ne s'attendaient pas à un homme aussi frappant et distingué. Même son cousin, d'habitude rapide avec les présentations, était momentanément perdu. Jacques expliqua plus tard que l'immigration s'était bien passée et, après avoir attendu à l'aéroport pendant une demi-heure sans personne en vue, il décida de prendre un taxi directement chez Irène.

Ce soir-là, Irène avait préparé un dîner spécial pour tout le monde. L'appartement était animé avec une dizaine de personnes, dont Robert, Dona, Viviane, Laura, Tony, la famille de Gisèle, et d'autres. Gisèle venait d'arriver d'Haïti et séjournait chez Irène pendant qu'elle cherchait du travail. Le rassemblement s'est prolongé jusque tard dans la nuit, plein de conversations et de rires.

Pendant le trajet jusqu'à Longueuil, Jacques et moi avons parlé d'Haïti. Il m'a donné des nouvelles de nos proches, en particulier de tante Dieula, dont les nouvelles étaient toujours importantes pour moi. Tante Dieula était comme une deuxième mère pour moi, intervenant après le décès de ma propre mère. Bien qu'elle ne soit pas une sœur biologique, elle et ma marraine Ruth ont été des amies de longue date de ma mère, qu'elle appelait affectueusement *sè-m,* ou « ma sœur » en créole. À la mort de ma mère, tante Dieula a assumé le rôle d'aidante, nous fournissant de la nourriture, des vêtements etun soutien indéfectible. Je me souvenais encore du jour où elle est arrivée après la mort de ma mère. Enfant, j'ai couru vers elle, en pleurant et en lui serrant les jambes, en lui disant : « *Tante Dieula, tu es notre mère maintenant.* » Son amour et son dévouement m'ont laissé une marque indélébile, et faire d'elle la marraine de mon fils était l'honneur qu'elle méritait.

Les histoires de Jacques sur Haïti m'ont apporté un sentiment de connexion et de nostalgie. Il semblait également fasciné par Montréal, me posant des questions sur les points de repère que nous avons traversés : le pont Jacques-Cartier, le fleuve Saint-Laurent et Longueuil elle-même. Il était curieux de savoir pourquoi nous vivions si loin de la ville. Quand nous sommes arrivés à l'appartement, il était content de l'espace. Je lui ai fait faire un tour, lui montrant les pièces et les environs.

Cette nuit-là, alors que j'étais allongée dans mon lit, je n'arrivais pas à dormir sachant que Jacques était dans la chambre juste derrière la salle de bain, si proche et pourtant si loin. Mon esprit vagabondait, m'imaginant dans ses bras. Mais je me suis dit : « *Prends ton temps, Enice. Il est ici maintenant. Tu auras tout le temps d'être avec lui.* Pendant ce temps, Tony insistait pour faire l'amour, comme s'il s'agissait d'une transaction impliquant uniquement mon corps, dépourvue de tout lien avec mon cœur. Je me suis dit : « *Après ce soir, on verra ce que l'avenir nous réserve.* »

11

Onzième Vie

Entre Deux Hommes

Le bonheur, la tristesse et l'amour

Le lendemain de l'arrivée de Jacques, un dimanche, je me suis réveillée plus tard que d'habitude mais toujours avant les hommes pour préparer le petit déjeuner. Je me sentais nerveuse et je n'arrêtais pas de me dire : « *Fais attention, Enice. Tony ne doit se douter de rien. Sois une bonne actrice.* Quinze minutes plus tard, j'étais dans la cuisine quand j'ai entendu Jacques quitter sa chambre et se diriger vers la salle de bain. Mon cœur battait la chamade, la peur et le bonheur s'entremêlaient. Quand il est sorti, il est allé directement dans la cuisine, son sourire familier illuminant la pièce. Ses yeux m'ont dévoré, et pendant un instant, j'ai eu l'impression que le temps ne s'était pas écoulé depuis la dernière fois que nous avions été ensemble.

Jacques s'est approché et m'a embrassé sur les lèvres. Je lui ai rendu le baiser mais j'ai murmuré avec insistance : « *Attention, il est là.* » Il m'a serré la main, et j'ai eu l'impression que je pourrais m'évanouir à cause de l'intensité du moment. En me calmant, j'ai changé de sujet, en prenant soin de garder notre interaction décontractée. Tout en sirotant son café, Jacques m'a expliqué comment les choses fonctionnaient dans la maison – ses contributions prévues pour le loyer, la nourriture et les factures de téléphone une fois qu'il aurait commencé à travailler. Mais je pouvais dire que ses pensées étaient ailleurs. En posant sa tasse, il a passé sa main sur mon visage. Son toucher était écrasant. J'ai murmuré : « *Pas maintenant, pour l'amour de Dieu.* » Il a répondu doucement : « *Je comprends, mais je n'en peux plus.* » Je l'ai rassuré : « *Cet après-midi, quand il ira jouer aux cartes, on aura le temps.* » Il hocha la tête et quitta la cuisine.

Quand Tony s'est enfin réveillé, il a demandé si Jacques était debout. Je lui ai dit que Jacques était dans sa chambre, et Tony a insisté pour que je l'appelle pour le petit-déjeuner. Nous nous sommes assis tous les trois autour de la table, Tony en face de moi et Jacques à côté de moi. La situation semblait surréaliste. Je me suis dit : « *Enice, tu es prise entre deux hommes. L'un est votre mari, que vous n'aimez pas, et l'autre est votre amant, que vous aimez et désirez de tout votre cœur. Pouvez-vous naviguer dans cela sans vous perdre ?* » Je me suis convaincu que l'amour l'emporterait. Mon malaise s'est estompé et j'ai réussi à avoir une conversation polie avec les deux hommes tout au long du petit-déjeuner.

Par la suite, Jacques m'a aidé à faire la vaisselle, ce que Tony ne ferait jamais. Tony est allé s'habiller, puis a annoncé avec désinnotie qu'il avait l'intention de rendre visite à des amis à Montréal et qu'il ne serait pas de retour avant 14 heures. Un soulagement m'a envahi lorsque j'ai réalisé que Jacques et moi aurions enfin du temps seuls.

Je me suis dépêché de prendre une douche, et quand je suis sorti, Jacques m'attendait. Il m'a conduit dans sa chambre, où nous nous sommes embrassés passionnément et nous nous sommes complètement laissés aller. L'amour que nous partagions était électrique, pur et décomplexé. Pendant des heures, nous avons parlé, ri et fait l'amour, sans nous soucier de savoir si Tony pourrait rentrer tôt. Jacques m'a écouté parler de mes difficultés à vivre avec Tony et m'a avoué que l'enfant que j'avais perdu était le sien, pas celui de Tony. Je lui ai dit que je ne pourrais jamais imaginer avoir un autre enfant avec Tony, mais que je rêvais d'en avoir un avec lui un jour.

Finalement, j'ai rappelé à Jacques : « *Il faut qu'on arrête maintenant. Je dois préparer le dîner.* Il a souri et a dit : « *Je vais me reposer un peu, puis venir t'aider.* » J'ai rangé et j'ai commencé à cuisiner, ressentant une énergie retrouvée. Pour la première fois depuis longtemps, je me sentais vraiment heureuse et libérée de la culpabilité. L'amour remplissait l'air, et je ne pouvais pas le cacher, même si Tony semblait inconscient lorsqu'il est revenu plus tard. Il a dîné, fait une sieste et n'a rien remarqué d'anormal.

Ce soir-là, j'ai emmené Jacques dans la ville pour lui faire visiter Montréal. Bien qu'il aurait préféré rester à la maison avec moi, je lui ai rappelé : « *Nous devons être prudents. Nous aurons bientôt plus de temps.* Le lendemain matin, lundi, nous avons quitté la maison de bonne heure. Tony et moi avons déposé Jacques chez Irène pour qu'il puisse explorer les opportunités d'emploi avec mon frère Robert. Après une semaine de recherches infructueuses, Tony a amené Jacques sur son propre lieu de travail, où Jacques a finalement été embauché. Cela a bien fonctionné ; Jacques pouvait maintenant faire la navette avec nous.

Notre amour s'approfondissait chaque jour qui passait. Chaque fois que Tony partait, Jacques et moi volions des moments précieux ensemble, faisant l'amour dans tous les coins de la maison, comme si le monde extérieur n'existait pas. Pourtant, ma relation avec Tony s'est encore détériorée. Les disputes sont devenues fréquentes et son hostilité a grandi. Une fois, dans un accès de colère, Tony m'a menacé : *« Si jamais tu me quittes, je te tuerai. Et si vous essayez de prendre les meubles, je les abîmerai d'abord.* Épuisé par son comportement, j'ai répondu froidement : *« Je n'ai pas besoin de vos meubles. »*

Le mépris de Tony pour notre maison était exaspérant. Il n'a rien apporté financièrement, et j'ai compté sur le soutien de Jacques pour joindre les deux bouts. Les avances nocturnes de Tony étaient insupportables, et je redoutais l'intimité qu'il exigeait. Ce n'était rien à voir avec l'amour que je partageais avec Jacques, qui me semblait naturel et joyeux. Jacques a compris l'impact de cette situation sur moi. Il a commencé à m'apprendre à conduire, ce qui m'a encore allégé.

Des complications sont survenues lorsque ma cousine Gisèle, qui vivait avec Irène, a commencé à nous rendre visite le week-end. Elle avait développé un intérêt pour Jacques et séjournait fréquemment dans notre appartement, partageant même sa chambre. Bien que Jacques m'ait assuré qu'elle n'était pas son genre et que rien ne s'est passé, sa poursuite constante nous a irrités tous les deux. Je n'avais pas d'autre choix que de permettre ses visites pour éviter les soupçons. Tony, inconscient de la tension, a accueilli la présence de Gisèle car elle lui permettait de passer encore plus de temps loin de chez lui.

Malgré ces défis, Jacques et moi sommes restés dans notre paradis privé. Nous rêvions d'avoir un enfant ensemble, en imaginant un avec le sourire, le nez et les yeux de Jacques. Même si nous savions que ce n'était pas le bon moment, le désir était mutuel. Notre amour se renforçait chaque jour, remplissant ma vie d'un bonheur que je n'avais pas connu depuis des années. Malgré les circonstances, nous avons trouvé de la joie et de l'espoir l'un chez l'autre, croyant que notre amour pouvait tout surmonter.

Le fruit de l'amour

Tout semblait bien se passer jusqu'à la première semaine d'octobre, lorsque j'ai commencé à ressentir des nausées persistantes et des douleurs à l'estomac. Au début, j'ai écarté l'idée d'être enceinte puisque je venais d'avoir mes règles quelques jours auparavant. Inquiet, je me suis rendu à l'hôpital Notre-Dame, où les médecins ont effectué plusieurs tests pendant deux jours, mais n'ont pas pu identifier le problème. Par précaution, le médecin a suggéré un test de grossesse.

Après les essais, je suis rentré chez moi à Longueuil. Quelques heures plus tard, le téléphone a sonné. C'était une infirmière qui appelait pour m'annoncer mes résultats. Sa voix était joyeuse lorsqu'elle a dit : *« Madame, bonne nouvelle ! »* Mon cœur a sauté un battement lorsque j'ai demandé : *« Qu'est-ce que c'est ? »* Elle a poursuivi : "*Vous êtes enceinte. Le médecin vous a référé au Dr Amyot en gynécologie. Votre rendez-vous est dans deux semaines.*

Ces mots m'ont frappé comme une vague de joie. J'étais tellement submergée que j'ai à peine enregistré les détails et j'ai dû rappeler l'infirmière pour confirmer la date et l'heure du rendez-vous. Seule dans la maison, j'ai laissé la nouvelle m'imprégner. Mes pensées se sont immédiatement tournées vers Jacques. Je savais qu'il serait ravi, mais je savais aussi les complications que cette grossesse entraînerait avec Tony.

Ce soir-là, j'ai préparé le dîner comme d'habitude, en gardant mon secret pour moi. Après le dîner, quand Tony est allé faire la sieste, j'ai demandé à Jacques de m'emmener prendre une leçon de conduite. Il a tout de suite compris que je devais lui parler en privé. En montant dans la voiture, je me suis tourné vers lui et lui ai dit :

« *Je ne pense pas que je vais conduire aujourd'hui. J'ai de bonnes et de mauvaises nouvelles.*

Il a souri et a demandé : « *Quelle est la bonne nouvelle ?* »

J'ai répondu doucement : « *Je suis enceinte.* »

Le visage de Jacques s'illumina de joie. Il m'a serré la main, incapable de m'embrasser en public.

« *Qu'allons-nous faire ?* » a-t-il demandé. J'ai expliqué : « *Je ne l'ai pas encore dit à Tony. Je voulais d'abord vous parler et obtenir vos conseils.*

Avant qu'il ne puisse répondre, j'ai ajouté : « *Tony éjacule toujours en dehors de moi, mais parfois il recommence immédiatement. Il est possible que certains spermatozoïdes persistent encore.* Jacques réfléchit et hocha la tête. Il a mis en garde : « *Nous devons être prudents. Je ne fais pas confiance à Tony.*

Jacques a admis : « *Si j'avais travaillé plus longtemps, nous aurions pu emménager ensemble.* »

Je l'ai rassuré : « *J'ai des dettes avec Tony. Je dois d'abord les régler. Pour l'instant, nous allons nous en sortir.*

Le lendemain, j'ai parlé à Tony de la grossesse après le travail. Il a semblé surpris et sceptique, disant : « *Mais vous venez d'avoir vos règles.* »

« *Le médecin dit que cela arrive parfois* », ai-je répondu avec désinvolture.

Il n'était pas particulièrement enthousiaste, mais il m'a demandé : « *Pensez-vous que nous pouvons nous occuper de deux enfants ?* »

« *Bien sûr* », lui ai-je dit. « *Nous travaillons tous les deux, et Jacques nous aide financièrement.* »

Tony n'a pas posé d'autres questions, mais je pouvais sentir son indifférence. Pour moi, cela n'avait pas d'importance, cet enfant n'était pas le sien, et je le savais.

La grossesse a apporté des nausées constantes, des vomissements et un manque d'appétit, mais l'amour et l'attention de Jacques m'ont permis de garder les pieds sur terre. Nous avons continué à partager nos moments secrets, et son soutien m'a donné de la force. J'évitais Tony autant que possible, d'autant plus que ses abus verbaux et ses exigences financières s'intensifiaient.

Tony refusait souvent de payer sa part des dépenses, y compris le prêt qu'il devait à ma sœur pour l'acompte de la voiture. Son indifférence à l'égard des finances de notre ménage m'a frustré, mais Jacques est intervenu pour m'aider, allégeant le fardeau. Le contrôle de Tony s'étendait même à un compte d'épargne conjoint. Bien qu'il puisse retirer de l'argent librement, chaque tentative que j'ai faite pour le faire s'est soldée par une bagarre.

La tension des déplacements entre Longueuil et Montréal, combinée à ma grossesse grandissante, m'a poussée à trouver un nouvel appartement. Viviane a trouvé un appartement abordable au sous-sol à Saint-Léonard, près du sien. Bien que les chambres soient petites, c'était gérable, et la réticence de Tony à payer plus ne me laissait pas d'autre choix. Nous avions prévu de déménager en mai.

En avril, j'avais atteint mon sixième mois de grossesse. Mon ventre était devenu si gros que continuer à travailler est devenu un défi. Trouver un équilibre entre mon travail, le déménagement imminent et ma grossesse était accablant. Sur la recommandation de mon médecin, j'ai demandé un congé. Mes collègues m'ont surprise avec une petite fête et un cadeau pour le bébé. Leur gentillesse m'a apporté un rare moment de joie.

Pendant ce temps, Jacques comptait les jours jusqu'à l'arrivée du bébé. Il demandait souvent : *« Que ferons-nous après la naissance du bébé ? »*

Je répondais toujours avec la même assurance : « *Je laisse tout entre les mains de Dieu.* »

Parfois, il s'inquiétait à voix haute : « *Et si le bébé me ressemble ?* »

J'ai souri et j'ai dit : « *Ne vous inquiétez pas. Ce bébé est un enfant de l'amour et sera parfait, tout comme nous.* Je plaçais souvent sa main sur mon ventre pour le calmer, lui rappelant que notre enfant était une bénédiction.

Tony restait indifférent, vaquant à ses occupations comme si la grossesse avait peu d'importance pour lui. Je me suis interrogée sur mes sentiments, me demandant si j'étais un monstre pour avoir porté l'enfant de Jacques tout en faisant semblant avec Tony. Mais au fond de moi, je savais que mon amour pour Jacques était réel, et cet enfant était le fruit de cet amour.

À l'approche du mois de mai, j'ai fait mes valises à Longueuil, impatiente de prendre un nouveau départ à Saint-Léonard. Malgré les difficultés, j'avais de l'espoir pour l'avenir. L'amour que j'ai partagé avec Jacques m'a donné le courage de continuer, et j'ai cru que ce bébé, symbole de notre amour, nous rapprocherait du bonheur que nous méritions tous les deux.

Un autre mouvement

Une fois que tout était emballé et prêt, boîtes et meubles, nous avons demandé l'aide d'amis, de ma sœur et de Viviane pour le déménagement. Nous avons loué un camion, ce qui nous a permis de tout transporter en un seul voyage.

Jacques, comme toujours, a été d'une aide précieuse, tandis que ma sœur et Viviane ont aidé à l'aménagement du nouvel appartement. L'espace était beaucoup plus petit que celui de Longueuil, ce qui nous a obligés à faire preuve de créativité dans l'organisation de nos affaires. La nouvelle chambre de Jacques était nettement plus petite, tandis que la chambre que Tony et moi partagions était légèrement plus grande, ce qui permettait suffisamment d'espace pour un berceau.

L'appartement lui-même était modeste, composé d'un couloir étroit, d'un petit salon et d'une cuisine. La laveuse et la sécheuse étaient idéalement situées dans la salle de bain. Cependant, étant une unité de sous-sol dans un duplex, il manquait un balcon. Malgré sa taille, il était assez confortable pour nos besoins.

Au début, les propriétaires étaient gentils et arrangeants, nous permettant même de garer notre voiture dans leur allée. Cependant, leur attitude a radicalement changé lorsque nous les avons informés de notre intention de déménager à la fin de notre bail. Leur colère s'est intensifiée au point qu'ils nous ont interdit de nous garer dans l'allée et ont même appelé la police pour nous surprendre. La relation autrefois cordiale s'est complètement détériorée et ils ont complètement cessé de nous parler.

Pour ajouter à la tension, nous avons découvert que nous payions sans le savoir leur facture d'électricité puisque les deux unités partageaient le même compteur. Une fois que nous nous en sommes rendu compte, nous avons décidé de couper leur eau chaude en représailles. La situation est rapidement devenue insupportable. Bien que le loyer soit abordable, les coûts exorbitants de l'électricité rendent l'arrangement beaucoup moins économique.

Maintenant que j'avais arrêté de travailler, j'avais plus de temps pour me concentrer sur moi-même, l'appartement et mon fils, Max. J'ai appelé Madame Bélisle pour lui dire que je ramènerais Max à la maison à la fin du mois pour rester avec nous jusqu'à mon accouchement. Elle a accepté sans hésiter, comprenant mon besoin de l'avoir près de moi pendant cette période.

Entre-temps, ma relation avec Jacques est restée aussi forte que jamais. Sa présence à la maison est devenue plus constante après qu'un accident du travail l'ait empêché d'y retourner pendant un certain temps. Notre passion l'un pour l'autre brûlait tout aussi vivement, mais elle s'était adoucie en quelque chose d'encore plus intime et tendre. Je me sentais comme une femme vraiment aimée et chérie, trouvant le bonheur et l'épanouissement malgré les défis de ma situation.

Jacques a contribué de toutes les manières possibles, me donnant même de l'argent pour préparer le trousseau du bébé. Ma sœur a également mis la main à la pâte, m'aidant à acheter un berceau et d'autres articles essentiels pour l'arrivée du bébé. Cependant, j'ai commencé à remarquer que Jacques devenait de plus en plus jaloux de Tony. Bien que j'aie rarement eu à être physiquement intime avec Tony, Jacques a compris que si cela se produisait, ce n'était jamais par choix.

Quand Max est rentré à la maison, ma joie était totale. Il s'est rapidement lié avec Jacques, nouant avec lui une bien meilleure relation qu'il n'en avait avec son père. Max respectait et écoutait Jacques d'une manière qu'il ne l'avait jamais fait avec Tony. Cependant, les problèmes de langue de Max persistaient et nous devions souvent corriger sa prononciation.

Malgré sa nature vive et turbulente, Max s'est épanoui sous la direction de Jacques. Sans la présence de Jacques, je savais que Tony aurait eu recours à sa dureté habituelle, punissant probablement Max tous les jours. Heureusement, Tony était rarement à la maison, ce qui rendait la vie beaucoup plus paisible pour nous tous.

Même si notre situation n'était pas parfaite, j'ai trouvé du réconfort dans les petites joies de ma famille : les rires de mon fils, l'amour de Jacques et l'anticipation croissante de la nouvelle vie que je portais en moi.

Une grossesse difficile

Au fur et à mesure que ma grossesse progressait, mon ventre est devenu si gros que marcher sans aide est devenu presque impossible. Il fallait toujours qu'il y ait quelqu'un qui m'accompagne, surtout après un incident effrayant à Longueuil avant notre déménagement. Alors que je marchais seul pour me rendre à l'église, j'ai trébuché et je suis tombé sur le ventre. L'expérience m'a ébranlé et j'ai dû être emmené à l'hôpital. Heureusement, le bébé n'a pas été blessé, mais la peur est restée avec moi. Au moment où nous avons déménagé à Saint-Léonard, mon ventre s'était encore plus gros, ce qui rendait la mobilité encore plus difficile.

Un après-midi, Jacques et moi sommes sortis ensemble pour faire des courses sur le boulevard Saint-Laurent avec l'intention de nous arrêter chez ma sœur sur la rue Duluth. Alors que nous approchions de notre destination, je me suis soudainement retrouvé incapable de marcher plus loin. Apercevant un petit restaurant à proximité, j'ai insisté pour que nous allions à l'intérieur pour nous reposer, même s'il avait l'air loin d'être propre.

Jacques hésitait, visiblement mal à l'aise, mais j'étais catégorique. « *Je commande une pizza* », lui ai-je dit, essayant de justifier notre arrêt. Il leva un sourcil et demanda : « *Êtes-vous sûr ?* » J'ai hoché la tête fermement.

Quand la pizza est arrivée, j'ai plongé et j'ai mangé voracement. Ce n'est que lorsque j'ai presque terminé que je me suis rendu compte que je n'avais pas offert une pièce à Jacques. Gêné, j'ai tendu la dernière portion et j'ai dit : « *Voulez-vous un peu ?* » Il a souri doucement et a répondu : « *Non, vous pouvez le terminer.* » Soulagé, j'ai terminé le repas, reconnaissant de sa compréhension.

Par la suite, je me suis retrouvé incapable de me lever de ma chaise. Nous sommes restés assis là pendant une demi-heure de plus, ce qui m'a donné le temps de récupérer. Finalement, avec beaucoup d'effort, j'ai réussi à partir, m'appuyant lourdement sur Jacques alors que nous nous dirigeions lentement vers chez ma sœur.

Alors que j'entrais dans le dernier mois de ma grossesse, j'avais un rendez-vous de routine avec mon médecin. Après m'avoir examinée, il a demandé une échographie et des analyses de sang pour vérifier les progrès du bébé. Quelques jours plus tard, les résultats ont apporté des nouvelles troublantes : le bébé ne grandissait pas comme prévu.

Le médecin m'a expliqué que je ne mangeais pas assez d'aliments nutritifs, comme des légumes, et que je ne prenais pas de vitamines.

« Vous devez commencer à prendre trois vitamines par jour », a-t-il souligné. *« C'est crucial. Sinon, vous risquez de perdre le bébé.*

En entendant cela, j'ai été submergé d'inquiétude. De retour à la maison, j'ai tout raconté à Jacques. Il intervint immédiatement, disant fermement : *« À partir de maintenant, je préparerai tous vos repas. Il faut bien manger pour le bébé.* Fidèle à sa parole, Jacques s'est méticuleusement occupé de moi, s'assurant que je suive les conseils du médecin. Ses efforts ont porté leurs fruits et l'état du bébé a commencé à s'améliorer.

Malgré les défis, il y a eu des moments de légèreté qui m'ont apporté du réconfort. Mon fils Max, qui est maintenant à la maison avec moi, s'est bien adapté à son nouvel environnement. Les jours où j'avais besoin de voir le médecin ou de faire des courses, je le laissais avec Viala, la femme de Dora, qui avait aussi un jeune bébé.

Le bébé de Viala était un bel enfant, avec des cheveux noirs bouclés, des yeux ronds et un visage potelé. Max adorait passer du temps avec eux, même si ses commentaires nous faisaient souvent rire. Ayant vécu avec Madame Bélisle, une Québécoise qui encourageait les bains de soleil, Max trouvait normal de bronzer. Il a un jour annoncé à Viala : « *Je veux sortir au soleil pour bronzer.* »

Amusée, elle a ri et m'a répondu : « *Tu es déjà bronzée ! Veux-tu te brûler ?* Ses taquineries faisaient sourire tout le monde, et je chérissais ces moments de légèreté au milieu des soucis de la grossesse.

Malgré les difficultés, j'ai trouvé de la force dans l'amour et le soutien de ceux qui m'entouraient. L'attention de Jacques, la présence joyeuse de Max et la gentillesse d'amis comme Viala m'ont rappelé que même dans les moments difficiles, l'amour et le rire pouvaient apporter du réconfort.

La naissance de ma fille

J'étais dans la dernière semaine de ma grossesse, et même si je sentais l'accouchement approcher, il y avait encore des tâches à accomplir. Seule à la maison, j'ai décidé de me rendre à la banque à quelques pas de la maison. Je voulais m'assurer que mes comptes étaient en ordre avant de me rendre à l'hôpital. Se déplacer était un défi, et la taille de mon ventre attirait les regards des passants. Deux heures après être rentré chez lui, les crampes ont commencé.

Jacques, qui était allé travailler plus tôt, est rentré à la maison et m'a trouvé exceptionnellement occupée. J'avais nettoyé toute la maison, fait mon sac d'hôpital et tout organisé. Inquiet, il a demandé : « *Que se passe-t-il ?* »

J'ai répondu : « *Je commence à ressentir de fortes douleurs au ventre et au dos.* »

Jacques se figea, incapable de répondre, son inquiétude évidente dans son silence. Il réagissait toujours de cette façon dans les moments de stress, et je pouvais voir à quel point il était inquiet.

Quand Tony est arrivé, je l'ai informé : « *Ça pourrait arriver ce soir.* »

Au lieu de faire preuve d'empathie, il a répondu froidement : « *J'espère que cela n'arrivera pas pendant la nuit, j'ai besoin de dormir.* »

Son manque d'affection n'était pas nouveau, mais il ne me dérangeait plus. Peut-être que son indifférence m'a permis de me concentrer plus facilement sur Jacques, le vrai père de mon enfant. Tandis que Tony dînait sans se soucier, Jacques touchait à peine à sa nourriture, sa tristesse palpable. Mon fils, Max, n'était pas à la maison, car je l'avais envoyé chez Madame Bélisle en prévision de l'accouchement.

Au fur et à mesure que la nuit avançait, la douleur s'intensifiait. Je n'arrivais pas à dormir et je me suis retrouvée assise bien droite avec des oreillers calés derrière moi, luttant pour gérer les contractions. Vers 22 heures, j'ai appelé ma sœur, qui m'a conseillé de me rendre immédiatement à l'hôpital. Les contractions arrivaient maintenant toutes les 15 minutes.

J'ai réveillé Tony et lui ai demandé de me conduire. À contrecœur, il a accepté, mais deux heures après mon arrivée à l'hôpital, le personnel m'a renvoyé chez moi, en disant que ce n'était pas encore l'heure. Agacé, Tony m'a grondé pour avoir perturbé son sommeil, en disant : *« Pourquoi m'as-tu dérangé pour rien ? »*

Une heure plus tard, la douleur est devenue insupportable. Je lui ai dit que j'appellerais un taxi s'il refusait de me ramener. À contrecœur, il a cédé et m'a conduit à nouveau à l'hôpital. Avant de partir, j'ai appelé ma sœur pour lui dire ce qui se passait, et elle m'a assuré qu'elle me retrouverait là-bas.

Cette fois, le personnel de l'hôpital m'a admis. Tony est parti dès notre arrivée, ne voulant pas rester, mais ma sœur est restée à mes côtés. Les contractions ont continué toute la nuit, incessantes et atroces. Au matin, je n'avais dilaté que deux centimètres et les médecins ont noté que je n'avais toujours pas perdu les eaux.

J'ai expliqué à un médecin que lors de mon premier accouchement en Haïti, j'avais pas perdu les eaux naturellement et que les médecins avaient dû intervenir. Malgré ces informations, ils semblaient hésiter à agir. À 13 heures, la douleur était insupportable et trois médecins sont finalement venus me voir. Ma sœur leur a rappelé ce que j'avais dit plus tôt, et ils ont fini par me rompre les eaux.

Quelques minutes plus tard, le bébé était prêt à arriver. Des infirmières m'ont emmenée d'urgence dans la salle d'accouchement, où un médecin haïtien est intervenu, alors que mon médecin principal, le Dr Amyot, s'occupait d'une autre patiente.

Dès que j'étais sur la table d'accouchement, le médecin m'a encouragée : « *Le bébé arrive, poussez !* »

J'ai rassemblé toutes mes forces et, après une dernière poussée, ma fille est née. — *Madame, c'est une fille,* annonça le docteur.

À ce moment-là, toute ma douleur a disparu. Submergée de bonheur, j'ai murmuré : « *Merci, Jésus* », alors que des larmes remplissaient mes yeux. Les infirmières ont emmené le bébé pour le nettoyer, et j'ai attendu avec impatience pour le tenir.

Quand ils l'ont ramenée, j'étais stupéfaite. C'était une Jacques miniature. Sa ressemblance avec lui était indéniable, et la panique s'est insinuée lorsque j'ai pensé : « *Mon Dieu, s'il vous plaît, faites changer son visage pour que personne ne le remarque.* » Pourtant, je ne pouvais pas m'empêcher de ressentir un immense amour pour elle. La tenant dans mes bras, j'ai envoyé une prière à Dieu : « *Merci pour cet enfant de l'amour. S'il vous plaît, guidez-la et protégez-la.*

Plus tard, quand Jacques arriva, il demanda anxieusement des nouvelles du bébé. Je lui ai dit au téléphone plus tôt qu'elle lui ressemblait. Quand il l'a vue, il a été stupéfait. *« Elle ne me ressemble pas »*, a-t-il dit, visiblement soulagé.

En souriant, j'ai répondu : *« Je vous ai dit de faire confiance à Dieu. »*

Tony s'est finalement présenté à l'hôpital, heureux mais indifférent. Il lui rendit visite brièvement avant de repartir. Pendant ce temps, ma sœur est restée à mes côtés, m'aidant avec le bébé et lui apportant un soutien émotionnel. Je suis restée à l'hôpital pendant cinq jours, me remettant de l'accouchement et de mon épuisement.

Madame Bélisle m'a rendu visite pendant mon séjour et m'a offert de m'aider à prendre soin du bébé, tout comme elle l'avait fait avec Max. J'étais soulagé, sachant que je pouvais compter sur elle une fois que Max aurait commencé l'école en septembre.

Quand il était temps de quitter l'hôpital, Tony et ma sœur sont venus me chercher. Nous nous sommes arrêtés pour récupérer le berceau du bébé sur le chemin du retour, et ma sœur nous a aidés à l'installer avant de préparer le dîner. Viviane nous a rejoints, amenant sa jeune fille Micha, pour nous donner un coup de main. Ce soir-là, j'étais allongée dans mon lit, submergée par l'épuisement mais reconnaissante du soutien qui m'entourait.

Au fur et à mesure que je m'installais dans la vie avec mon nouveau-né, les défis de la vie avec Tony sont devenus encore plus évidents. Il n'était pas d'une grande aide avec le bébé, me laissant m'occuper seule des tétées nocturnes et des soins. Son indifférence m'a poussé plus loin dans les bras de Jacques, alors qu'il continuait à me soutenir émotionnellement et physiquement.

Max est rentré chez lui une semaine plus tard, mais il a eu du mal à s'adapter. Déçu que le bébé ne soit pas un garçon, il a déclaré : *« Ce n'est pas mon bébé, j'en voulais un comme Yvi ! »*

J'ai patiemment expliqué pourquoi sa sœur ne ressemblait pas à Yvi, en insistant sur le fait que toutes les familles sont différentes. Bien qu'il ait semblé comprendre, sa frustration s'est manifestée par l'énurésie nocturne, que le médecin m'a assurée être temporaire.

Avec l'aide de Jacques, de ma sœur et d'amis comme Viviane et Laura, j'ai réussi à m'occuper de mes enfants malgré ma fatigue et mon anémie persistantes. Tony, cependant, est resté absent et inutile, passant son temps avec des amis.

Jacques, remarquant mon mécontentement grandissant, m'a exhorté à quitter Tony. *« Ce n'est pas bon pour vous »*, a-t-il dit. *« Tu vas te rendre malade. »*

Même si je n'étais pas prêt à partir, je savais qu'il avait raison. La vie avec Tony devenait de plus en plus intolérable, et la présence de Jacques était mon seul réconfort. Malgré les défis, j'ai trouvé de la force dans mon amour pour mes enfants et ma foi en Dieu.

Le baptême de Natatsha

La veille du baptême de Natatsha, tout sembla s'effondrer. Elle a passé toute la nuit à pleurer, un événement inhabituel qui m'a immédiatement inquiété. J'ai appelé ma sœur, qui m'a conseillé de vérifier sa température. Quand je l'ai fait, il faisait 100,4 ° F. Alarmée, ma sœur m'a exhorté à l'emmener à l'hôpital sans délai. J'étais seule avec Jacques, alors il est resté à la maison avec Max pendant que je prenais un taxi pour aller à l'hôpital.

À mon arrivée, sa température a continué à augmenter et le médecin m'a informé : « *Nous devons l'admettre pour une surveillance et faire des tests.* » Il a ajouté : « *Elle devra rester nue pour gérer la fièvre.* »

La vue de son petit corps allongé dans un berceau de l'unité de soins intensifs, avec une perfusion intraveineuse dans la tête et ses cheveux partiellement rasés, m'a brisé le cœur. Le médecin a suggéré : « *Si le baptême est important, demandez au prêtre de le faire ici à l'hôpital. Elle est très malade.*

J'ai appelé Jacques pour le mettre au courant et lui ai demandé d'informer Tony. J'ai aussi contacté ma sœur, qui est venue immédiatement à l'hôpital pour me soutenir. En larmes, j'ai avoué ma peur de perdre mon enfant. Ma sœur m'a réconfortée en disant : *« Priez Dieu et confiez-la-lui »*.

J'ai eu beau essayer, j'étais tellement submergée et épuisée que ma prière a été brève : *« Jésus, que ta volonté soit faite. Tu me l'as donnée. S'il vous plaît, guidez-nous et faites ce qui est le mieux pour elle. Donnez-moi la force d'endurer cela.*

Tony est arrivé tard dans l'après-midi, montrant peu d'inquiétude. Quand j'ai suggéré d'annuler le baptême pour épargner à nos invités la confusion et se concentrer sur le bébé, il a catégoriquement refusé en disant : *« Le baptême aura quand même lieu. »*

Je me suis retrouvé à tout gérer. J'ai appelé Laura à l'aide, car je savais que je ne pouvais pas gérer les préparatifs toute seule. Laura, ainsi que ma sœur Irène et Viviane, sont arrivées tôt le lendemain pour préparer à manger pour la réception. Jacques, visiblement bouleversé par la situation, m'a dit : *« Tu devrais tout lâcher. »* Il détestait les foules et était frustré par l'insistance de Tony à poursuivre l'événement malgré l'état de notre fille.

Le samedi matin, j'étais épuisé et j'ai déclaré : *« Tout le monde devra se débrouiller sans moi. »* Je suis parti à l'hôpital pour organiser le baptême avec le prêtre. Ma fille est restée en soins intensifs, fragile et fiévreuse.

Les médecins ont expliqué qu'elle était née anémique et qu'elle avait besoin d'un traitement pour stabiliser son état. Ils m'ont assuré qu'elle se rétablirait avec le temps, mais ils lui ont conseillé de rester à l'hôpital.

Le baptême était prévu pour 15 heures à l'hôpital, suivi d'une réception à 20 heures à la maison. Le soutien de Laura a été une aubaine, car elle s'est occupée de la logistique pendant que je me concentrais sur ma fille. Ma sœur, qui était la marraine, nous a accompagnés à l'hôpital aux côtés de Tony et de son frère.

Le prêtre a célébré le baptême dans une petite chambre d'hôpital, un contraste frappant avec la célébration joyeuse que j'avais imaginée. Voir ma fille dans un état aussi fragile était déchirant. Son petit corps, toujours connecté à du matériel médical, semblait si vulnérable. Même sur les photos, sa présence est à peine perceptible – seules la tête de son berceau, les parrains et marraines et le prêtre sont visibles.

C'était comme si elle en voulait à la foule, comme si elle avait orchestré le moment de sa maladie. Jacques, lui aussi, était inquiet. Il est resté sur la touche, visiblement mal à l'aise avec toute cette épreuve. Tony, quant à lui, jouait le rôle du père fier, bien qu'il ait peu contribué aux préparatifs ou à ses soins.

Au fur et à mesure que la soirée avançait, j'ai réussi à organiser la réception malgré mon épuisement. Des invités de New York remplissaient la maison et j'ai prié pour avoir la force de passer la nuit. Ma seule consolation était que le dimanche, les visiteurs partiraient, ce qui me permettrait de me concentrer entièrement sur le rétablissement de ma fille.

Pendant le mois suivant, ma fille est restée à l'hôpital et je lui rendais visite tous les jours. À chaque visite, je devais porter une blouse stérile, mais je chérissais ces moments où je pouvais la tenir dans mes bras et lui parler. J'ai senti sa confiance et sa chaleur, et ses petits sourires m'ont rassuré sur le fait qu'elle irait bien. J'ai prié constamment, remerciant Dieu de m'avoir donné la force de prendre soin d'elle pendant cette période difficile.

À la maison, Jacques a été d'une aide considérable. Il a assumé une grande partie de la responsabilité des soins de Natatsha une fois qu'elle a été libérée. Il l'a nourrie, a changé ses couches et s'est assuré qu'elle se sente aimée. Elle le reconnut comme son père et lui répondit avec joie.

Tony, cependant, était indifférent. Il a refusé d'aider avec l'un ou l'autre des enfants, passant la plupart de son temps à l'extérieur de la maison. Sa seule contribution a été d'organiser le baptême, et même cela a été fait sans se soucier des besoins de la famille.

Lorsque Max est rentré chez lui, il a eu du mal à accepter les changements. Déçu que le nouveau bébé ne soit pas le garçon qu'il avait espéré, il l'a d'abord rejetée en s'exclamant : « *Ce n'est pas mon bébé, je voulais un bébé comme Yvi !* »

J'ai patiemment expliqué que les bébés sont de toutes formes et de toutes couleurs, en fonction de leurs parents. Au fil du temps, il a commencé à accepter sa petite sœur, bien que la transition ait été difficile. Son énurésie nocturne, une réaction à la nouvelle dynamique, a disparu au bout d'un mois.

Entre-temps, j'ai décidé de ne pas retourner travailler à l'usine. Avec les allocations chômage, je me suis inscrite à un cours d'anglais financé par le gouvernement. Ce changement nécessitait de trouver une garde d'enfants pour les deux enfants. Madame Bélisle a gracieusement offert de s'occuper de Natatsha, lui offrant un environnement calme et stimulant pour son rétablissement. Max est resté avec sa sœur, qui avait une maison spacieuse et amplement de temps pour s'occuper de lui.

Malgré ses premiers problèmes de santé, Natatsha est devenue un bébé joyeux et indépendant. Elle pleurait rarement et aimait sa balançoire, riant chaque fois que Monsieur Bélisle chantait sa chanson préférée, « *Natatsha cha-cha-cha-cha* ». À neuf mois, elle a insisté pour se nourrir, signe de sa nature volontaire.

À travers tout cela, Jacques est resté un pilier de soutien. Son amour pour Natatsha était évident dans les soins qu'il prodiguait, et sa présence m'a donné la force de persévérer. Bien que la vie avec

Tony soit restée tendue, je me suis concentrée sur mes enfants et j'ai trouvé du réconfort dans le lien que je partageais avec Jacques.

Ce chapitre de ma vie, bien que semé d'embûches, a renforcé ma foi et ma résilience en tant que mère.

Retour à Mon entreprise

S'inscrire à un cours d'anglais a apporté un changement bienvenu à ma routine. Pendant trois mois, je me suis plongé dans l'apprentissage, ce qui m'a remonté le moral et m'a donné un sentiment de progrès. Entre-temps, j'ai été acceptée dans un programme de sciences infirmières au Collège Montmorency, qui devait commencer en septembre. Sachant que j'avais besoin d'un revenu dans l'intervalle, j'ai trouvé un emploi près de notre appartement à Saint-Léonard.

Jacques m'a soutenu tout au long de cette période. Il venait d'acheter une petite Volkswagen et l'utilisait pour me conduire au travail chaque matin et venir me chercher pendant ma pause déjeuner. Nos moments de midi sont devenus précieux, car les soirées étaient consumées par son travail et les exigences de nos vies. Sa jalousie envers Tony a persisté, mais nous avons continué à gérer notre relation avec soin.

Après la maladie de ma fille, j'ai décidé qu'il était temps d'obtenir mon permis de conduire. Une fois que je l'ai fait, j'ai commencé à conduire à la fois la voiture de Tony – que j'ai aidé à payer – et la Volkswagen de Jacques pour faire des courses. Avoir cette indépendance retrouvée m'a semblé libérateur, surtout dans la gestion de mes responsabilités.

À cette époque, Viviane, ma cousine et amie proche de la famille, était revenue d'Haïti, où elle avait confié sa fille Micha à sa sœur Fabienne. Viviane nous rendait souvent visite, apportant chaleur et compagnie. Un jour férié, alors que Max séjournait avec moi, j'ai remarqué qu'il visitait fréquemment son appartement, ce qui m'a mis mal à l'aise compte tenu des tensions qui couvaient.

Un soir, Viviane est venue comme d'habitude, et la conversation a dévié sur un sujet sensible impliquant ma sœur. En l'évoquant, j'ai vu l'humeur de Viviane changer instantanément. Elle s'est visiblement énervée, refusant de s'engager dans la discussion. Malgré mes tentatives d'explication, elle est partie brusquement, claquant la porte derrière elle.

Max, confus et bouleversé, courut après elle en l'appelant : « *Viviane, reviens !* » Elle n'est pas revenue. Lorsque Max lui rendit visite plus tard, elle refusa d'ouvrir la porte. Le cœur brisé, il s'écria : « *Mamie, Viviane ne me laisse pas entrer.* » Je l'ai réconforté en lui disant : « *Elle est bouleversée en ce moment. Donnez-lui du temps. Tout ira bien.*

Il a fallu des années à Viviane et moi pour nous réconcilier, mais finalement, notre lien s'est rétabli et les choses sont revenues à la normale.

Au lendemain de la querelle avec Viviane, j'ai remarqué un changement chez Jacques. Il est devenu plus insistant pour que je quitte Tony, exprimant sa frustration face à la situation. Je n'arrêtais pas de lui dire : *« Ce n'est pas le bon moment »,* mais son agitation grandissait.

Un jour, j'ai découvert la source de son malaise : il voyait Viviane depuis deux mois. Furieux, je l'ai confronté. Son explication est profonde : *« Je ne supporte pas de te regarder avec Tony. Vous n'arrêtez pas de dire qu'il faut attendre, mais j'ai besoin de plus que cela.*

Je me suis déchaînée de colère, déchirant ses nouvelles chemises et l'avertissant de mettre fin à la relation immédiatement. *« Viviane pense que c'est grave. Vous jouez avec le feu. Laisse-la tranquille !* Après une discussion tendue, il promit de ne plus la voir, et pour un temps, la paix revint.

Alors que l'appartement devenait de plus en plus exigu et que la fille de Tony, Célia, arrivait bientôt d'Haïti, il est devenu évident que nous avions besoin de plus d'espace. J'avais déjà entamé des procédures d'adoption pour Célia et commencé à planifier que sa sœur Edith nous rejoindrait plus tard. Pour leur bien, je ne pouvais pas quitter Tony tout de suite.

En cherchant un appartement plus grand, je suis tombé sur une annonce à Ville d'Anjou à la Place Malicorne. L'immeuble offrait des logements abordables et chauffés de 5 logements avec trois chambres à coucher, un salon, une salle à manger et l'accès à une buanderie au sous-sol. L'emplacement était idéal, et Jacques m'a accompagné pour signer le bail. L'approbation de Tony était le dernier obstacle.

D'abord hésitant, Tony a été influencé lorsque je lui ai fait remarquer les avantages financiers : l'arrivée de sa sœur aiderait à réduire les coûts, et Jacques avait accepté de contribuer à la moitié du loyer. J'ai également précisé que je continuerais à couvrir les frais de baby-sitter de Natatsha, en m'assurant que Tony n'avait aucune raison de se plaindre.

En février, nous avions prévenu notre propriétaire, qui a mal réagi, faisant même appel à la police pour des litiges de stationnement. Cependant, Jacques commençait à mettre ma patience à l'épreuve. Sa jalousie s'est manifestée dans des liaisons avec d'autres femmes, y compris une femme amérindienne et plus tard une fille haïtienne. Sa justification était toujours la même : « *Tant que tu es avec Tony, j'ai le droit de faire ce que je veux.* »

J'étais consumé par la jalousie et la frustration. Un jour, je suis allée en voiture chez la jeune fille haïtienne et j'ai attendu que Jacques me voie dehors. Il a tout de suite compris que j'étais sérieux et a mis fin à l'affaire.

Malgré la pression de tous les côtés, nous nous sommes accrochés l'un à l'autre, même si la tension de notre situation était écrasante.

Tony, inconscient du chaos, ne se concentrait que sur ses propres désirs. Il insistait pour avoir des relations sexuelles presque tous les matins, ignorant mes protestations et mes excuses. Je me sentais coincée entre deux hommes, l'un que j'aimais profondément et l'autre qui me faisait me sentir violée.

Finalement, en avril, nous avons emménagé dans l'appartement de la place Malicorne. C'était un nouveau départ dans un environnement spacieux et paisible à proximité des Galeries d'Anjou et de la rue Beaubien. La verdure et la commodité de l'emplacement m'ont remonté le moral. Cependant, la décision a été douce-amère.

Bien que j'étais heureuse de quitter l'appartement exigu de Saint-Léonard, j'étais épuisée par le cycle sans fin du travail, de la parentalité et de la gestion des exigences de Tony. Jacques, maintenant plus installé, avait cessé de voir d'autres femmes. Nos moments volés pendant la journée sont devenus une source de réconfort, même si les nuits avec Tony restaient insupportables.

À partir d'août, j'allais commencer mon cours d'infirmière, une étape importante vers la récupération de mon indépendance. Entre-temps, j'ai eu des emplois temporaires pour économiser pour le déménagement et les nouveaux articles ménagers essentiels. C'était mon troisième déménagement depuis mon arrivée au Canada en 1971, et même si j'étais fatigué de me déraciner, j'espérais que celui-ci apporterait un semblant de stabilité.

---

1. CEGEP est l'acronyme français de collège signifiant «Collège d'ensei- gnement général et professionnel ».

12

Douzieme VIE Vers La Libération

À Ville d'Anjou

Lorsque nous avons emménagé dans le nouvel appartement à Ville d'Anjou, j'ai enfin ressenti un sentiment de soulagement. L'appartement était spacieux, au deuxième étage, et tout neuf - il n'y avait pas de nettoyage à faire. Ma sœur Irène est venue m'aider à m'installer, comme toujours, et mon amie Nélia et sa famille ont également emménagé dans le même complexe de la place Malicorne. Avoir une amie proche à proximité était réconfortant, d'autant plus qu'elle avait quatre enfants plus âgés qui pouvaient parfois l'aider.

Nous avons réussi à tout mettre en place en une seule journée. Le quartier était serein, avec beaucoup de verdure, et une école primaire se trouvait juste en face de la rue. L'appartement avait de grandes fenêtres lumineuses qui laissaient entrer la lumière naturelle, ce que j'ai adoré. C'était paisible, un contraste frappant avec ma situation de vie exiguë et tendue précédente.

Ma sœur Irène a acheté un lit pour Max, mon frère Robert a contribué pour les rideaux, et Jacques a acheté une commode pour les vêtements des enfants et une étagère pour le salon. Irène m'a également offert de la vaisselle, des nappes et d'autres articles de cuisine essentiels, tandis que j'ai acheté de petits objets de décoration pour que l'appartement se sente plus comme à la maison.

Quand j'ai amené Max voir l'appartement, il était ravi et n'arrêtait pas de dire à quel point il était grand. Jacques était également satisfait de notre nouvelle maison puisqu'il travaillait à proximité et pouvait rentrer à la maison pendant ses pauses lorsqu'il travaillait le soir. J'ai chéri ces petites améliorations, car elles m'ont donné l'espoir que les choses pourraient enfin se stabiliser.

Tony travaillait également à proximité, mais son comportement restait le même : perpétuellement malheureux et exigeant. Il se plaignait constamment de l'argent, demandant à Jacques des prêts qu'il ne remboursait jamais. Même si nous avions des économies, c'était moi qui m'occupais de gérer les finances du ménage et de payer les factures. Si Tony ne contribuait pas une semaine, il me balayait d'un revers de main : « *Ne m'en parle pas.* »

Jacques, voyant combien j'avais du mal, intervenait souvent. Il m'a prêté ou donné de l'argent à déposer sur le compte joint, en répétant tranquillement : « *On ne peut pas continuer comme ça. Une fois que sa fille arrivera, nous devrons déménager à nouveau.* J'étais tout à fait d'accord.

Tony m'a traité comme un serviteur. J'ai dû lui acheter des vêtements et faire face à ses plaintes constantes au sujet de l'argent. Il a rejoint une entreprise de réseautage, affirmant que cela lui rapporterait des revenus, mais je n'en ai jamais vu un centime. Sa petite voiture Véga a commencé à tomber en panne et, au lieu de s'en occuper lui-même, il s'est fié à Jacques pour évaluer les problèmes.

Même par des températures glaciales, Jacques et son ami Jean travaillaient sur la voiture pendant que Tony restait au chaud à l'intérieur. Finalement, la voiture a dû être réparée chez un concessionnaire, ce qui a coûté près de 800 $ pour les freins seuls. Tony était furieux de puiser dans ses économies, et en moins d'un mois, la voiture a eu plus de problèmes. Plutôt que de le réparer, il a acheté un véhicule plus gros et plus coûteux avec des paiements plus importants – une décision irresponsable qui signifiait que je devais couvrir encore plus de dépenses.

Quand j'avais besoin de la voiture, Tony trouvait toujours une excuse : *« Prends la voiture de Jacques »,* disait-il avec dédain. Je ne pouvais pas m'empêcher de soupçonner qu'il avait une maîtresse, mais je m'en fichais. Au contraire, l'idée que son attention soit ailleurs m'a soulagé.

Le 19 avril, c'était l'anniversaire de Jacques, et je voulais lui montrer ma reconnaissance pour tout ce qu'il avait fait pour moi. J'ai décidé de lui organiser une petite fête. Le vendredi soir, j'ai fait un gâteau et préparé des pâtés. Jacques rentre à la maison pendant le déjeuner, aperçoit le gâteau fraîchement glacé et déclare : *« C'est mon anniversaire demain, mais je mange mon gâteau aujourd'hui ! »* Avant que je puisse l'arrêter, il a dévoré tout le gâteau.

Un ami qui m'aidait s'est moqué de son audace, et Jacques a souri en disant : « *Tu peux en faire un autre pour les invités.* » Malgré ses pitreries, je n'ai pas pu m'empêcher de l'adorer. Il était mon point d'ancrage au milieu du chaos.

La vie avec Jacques était une source de bonheur, tandis que la vie avec Tony était une bataille constante. Le tempérament et l'irresponsabilité financière de Tony m'ont épuisé. Nous nous disputions sans fin à propos d'argent, et sa présence me faisait pleurer le plus souvent.

Jacques, en revanche, m'a donné de l'espoir. Bien que sa jalousie ait parfois éclaté, il est resté mon plus grand soutien. J'attendais avec impatience le jour où cette situation embrouillée prendrait fin. D'ici là, j'ai trouvé du réconfort dans les moments que j'ai partagés avec Jacques, chérissant l'amour et la compréhension qui m'ont soutenue à travers la tourmente.

Quelques nouveaux changements

Nous avons reçu un appel de Tony nous demandant d'envoyer un billet d'avion pour sa fille, qui devait arriver avant septembre. J'ai fait la réservation pour la mi-août car elle devait commencer l'école ce mois-là, et mes cours commençaient aussi. Mon emploi du temps était chaotique : entre assister aux cours, travailler par quarts, cuisiner, nettoyer et faire face aux exigences incessantes de Tony, j'étais débordé. Jacques, comme toujours, a aidé autant qu'il le pouvait, mais avec son propre travail, il ne pouvait pas tout gérer.

Lorsque j'ai suggéré de réduire mes heures de travail à temps partiel pour alléger une partie du fardeau, Tony a catégoriquement refusé. « *Si vous travaillez à temps partiel, vous pouvez trouver comment payer vos dettes* », a-t-il déclaré. Son manque d'empathie rendait tout plus difficile.

Le comportement de Tony s'est aggravé. Il affirmait à plusieurs reprises : « *Tu es ma femme. J'ai le droit de te faire l'amour tous les jours, quand je veux.* Ses menaces et ses exigences m'ont épuisé émotionnellement et physiquement. J'ai passé cinq mois dans mon cours d'infirmière avant de décider d'arrêter. Je n'arrivais tout simplement pas à tout suivre, et la pression à la maison était insupportable.

Heureusement, mon amie Laura travaillait dans un couvent pour s'occuper des malades et elle m'a aidé à y trouver un poste. En l'espace d'une semaine, j'ai commencé à travailler de nuit. Bien qu'épuisant, j'étais soulagé d'avoir un emploi stable. Cependant, le travail de nuit et l'incapacité de dormir correctement pendant la journée ont rapidement fait des ravages.

Le mépris de Tony pour ses responsabilités, en particulier envers les enfants, est devenu flagrant. Un jour, Max, qui avait cinq ans, et Natatsha, alors âgé de huit mois, étaient à la maison avec lui pendant que je faisais une course. Quand je suis revenu, j'ai trouvé Max en haut de l'escalier, tenant le landau avec Natatsha à l'intérieur, prêt à le pousser vers le bas. Mon cœur s'est arrêté. J'ai crié et je me suis précipité pour attraper la calèche.

« *Où est ton père ?* » J'ai demandé paniqué.

Max a répondu innocemment : « *Il dort.* »

Effectivement, Tony dormait dans sa chambre, inconscient du danger que couraient ses enfants. J'étais furieux, mais impuissant à lui faire comprendre la gravité de sa négligence.

Entre mes quarts de nuit et les responsabilités ménagères interminables, je courais à flots. Tony travaillait le jour, Jacques le soir et moi la nuit. Le matin, quand je rentrais à la maison, Jacques était là pour me laisser dormir un peu. Je me réveillais vers midi, et parfois nous partagions des moments d'intimité avant qu'il ne parte au travail à 15 heures. Je préparais ensuite le dîner pour que Tony puisse manger à son retour à 17 heures.

Après le dîner, Tony sortait, pour revenir vers 22 heures, exigeant souvent de l'intimité juste avant que je parte pour mon service de nuit. C'était insupportable. Je me sentais piégée, physiquement et émotionnellement. Chaque soir, après avoir terminé mon travail, je m'agenouillais et priais, suppliant Dieu de m'offrir une issue. Les menaces de Tony de me faire du mal si je partais planaient au-dessus de moi, mais au fond de moi, je savais que mon évasion n'était qu'une question de temps.

Peu après, la fille de Tony, Célia, est arrivée. Nous sommes venus la chercher à l'aéroport, et j'étais vraiment heureux de la rencontrer. Elle était calme et timide, mais nous nous entendions bien. Je lui ai expliqué les routines de la maison, je l'ai aidée à s'adapter à la vie dans ce nouveau pays et je me suis assurée qu'elle était inscrite à l'école.

Comme l'année scolaire avait déjà commencé, elle a été placée dans une classe spéciale. Malgré les défis, Célia s'est rapidement adaptée et n'a jamais causé de problèmes. Elle m'a même aidé avec les tâches ménagères, ce qui a quelque peu allégé ma charge.

Tony, sans surprise, a accordé peu d'attention à sa fille, me laissant entièrement m'en occuper. Cela a ajouté de la complexité à ma situation déjà tendue. Jacques et moi, il fallait se faire discrets, attendre les moments où Célia n'était pas à la maison pour partager les plus simples expressions d'affection.

La séparation

Les vacances de Noël de 1974 ont été un tournant dans ma vie. Tony et Jacques étaient en vacances, mais je travaillais pendant les vacances, avec une pause prévue pour le Nouvel An. Le matin de Noël, après un bref repos à la maison, je suis allé avec Tony, Jacques et Célia rendre visite à mes enfants, Max et Natatsha, chez Madame Bélisle. Nous leur avons apporté des cadeaux, et leur bonheur m'a remonté le moral malgré mon épuisement. Comme j'étais débordée, j'ai demandé à Madame Bélisle de garder Natatsha un peu plus longtemps mais j'ai ramené Max à la maison pour passer le reste des vacances avec nous.

De retour à la maison, l'atmosphère restait tendue. Tony était distant et inattentif, me laissant une grande partie du fardeau. Célia, quant à elle, s'adaptait bien et avait commencé l'école de l'autre côté de la rue. Cependant, l'arrivée imminente de la sœur de Tony – qui ne m'aimait pas et était une ennemie de Jacques – m'a fait réaliser que des changements drastiques étaient nécessaires. Jacques m'a prévenu : « *Si tu ne pars pas, je m'en vais.* » C'était clair: je devais agir.

Un samedi soir, alors que j'étais au travail, j'ai senti mon épuisement atteindre son paroxysme. Ma tête battait et une voix en moi m'a exhorté : « *Il est temps d'agir.* » J'ai fait un plan pour tout avouer à Tony, en espérant que ce serait ma porte de sortie. Avant de terminer mon service, j'ai essayé d'appeler Jacques pour lui expliquer mes intentions, mais il n'y a pas eu de réponse. N'ayant pas d'autre choix, j'ai appelé Tony pour qu'il vienne me chercher, ce qui est rare, car je ne lui demandais presque jamais de me conduire.

Quand Tony est arrivé, je l'ai accueilli avec une chaleur inhabituelle. Une fois dans la voiture, je lui ai dit de ne pas démarrer le moteur.

« *J'ai quelque chose à vous dire* », ai-je dit.

Il avait l'air confus mais écoutait.

"*Tony, Natatsha n'est pas ta fille. C'est la fille de Jacques. Jacques et moi sommes amoureux depuis longtemps. Je ne t'ai jamais aimé, et je ne peux plus faire ça. Je veux quitter ta maison. Vous pouvez tout garder.*

Les mots ont fusé, et avec eux, un poids s'est enlevé de ma poitrine. Pour la première fois, je me suis sentie libérée du secret qui m'avait consumée pendant des années.

Tony était assis immobile, la bouche légèrement ouverte, incapable de répondre. Quand il a finalement parlé, ses mots m'ont surpris.

« *Vous ne pouvez pas partir. C'est votre maison. Revenons en arrière et parlons-en.*

De retour à la maison, je me rendis directement dans la chambre de Jacques. Il dormait et s'est réveillé en sursaut lorsque je lui ai raconté ce qui s'était passé. *« Ce n'est pas comme ça que ça devait se passer ! »* s'écria-t-il en enfouissant sa tête dans ses mains. Je lui ai assuré que c'était mieux ainsi et lui ai demandé d'admettre la vérité si Tony l'interrogeait.

Tony n'a pas perdu de temps. Il appela Jacques dans la salle à manger et lui demanda confirmation. Jacques a simplement dit : *« Oui, c'est vrai »*, avant d'ajouter : *« Je vais quitter cette maison cet après-midi »*. Il s'est ensuite retiré dans sa chambre pour faire ses bagages.

Tony a essayé de me persuader de rester en disant : *« Je vais tout oublier, mais tu ne vois plus Jacques. Reste ici; C'est votre maison.* Son attitude calme était troublante. Au fond de moi, je soupçonnais qu'il était au courant de ma relation avec Jacques depuis le début, mais qu'il avait choisi de l'ignorer parce que Jacques contribuait financièrement.

Ce soir-là, après le départ de Jacques, la vraie nature de Tony a refait surface. Il m'a agressé en affirmant : *« Je te coucherai aussi longtemps que je le voudrai, et tu ne me quitteras jamais. »* J'ai pleuré toute la nuit, résolu à m'échapper.

La sœur de Tony devait arriver dans deux jours. Son arrivée était le dernier coup de pouce dont j'avais besoin pour partir. Le lendemain matin, après avoir déposé Tony au travail, j'ai appelé Jacques et lui ai expliqué mon plan. Ensuite, j'ai contacté Sœur Berthe et ma sœur Irène pour obtenir de l'aide. Tous deux m'ont encouragé à partir immédiatement, et ma sœur m'a offert de me réfugier chez elle.

J'ai informé Max de notre départ. Bien qu'il soit malade de la grippe, il était impatient d'aider et excité de revoir Jacques. Ensemble, nous n'avons emballé que nos articles essentiels – vêtements, rideaux et vaisselle offerts par ma sœur – et avons laissé tout le reste derrière nous. Jacques et moi avons chargé nos voitures et déménagé mes affaires chez ma sœur et ma cousine.

Avant de partir, j'ai garé la voiture de Tony devant son lieu de travail, laissant les clés et une note :

« *Puisque ta sœur arrive, et que tu veux absolument qu'elle vive avec nous, j'ai décidé de partir. J'ai pris notre fils et je suis allée chez ma sœur. Nous ne reviendrons pas. J'ai laissé les meubles et tout le reste, y compris le compte bancaire.*

Ce soir-là, Tony a appelé, furieux. Il m'a menacé en disant : « *Si tu ne reviens pas, tout le monde t'abandonnera.* » Mais j'étais résolu. Je l'ai averti de ne me contacter que par l'intermédiaire de mon avocat, ce qui l'a encore plus mis en colère.

J'ai alors appelé Mme Bélisle pour l'informer de ma décision et lui ai demandé de s'occuper de Max et de Natatsha. Malgré mon épuisement, j'ai travaillé cette nuit-là, mais ma fatigue était écrasante. L'infirmière en chef, remarquant mon état, m'a accordé quelques jours de congé et m'a proposé un poste de jour, que j'ai accepté avec joie.

Le lendemain matin, j'ai amené Max chez Mme Bélisle. Elle m'a accueilli avec chaleur et gentillesse, m'offrant à manger et un endroit pour me reposer. Pour la première fois depuis des semaines, je me suis autorisée à pleurer. Je lui ai raconté mon histoire, et elle m'a écouté avec compassion, sa présence étant un baume pour mon âme fatiguée.

Cette nuit-là, j'ai dormi profondément, sentant le poids des derniers jours commencer à se lever. Quand je me suis réveillée, j'ai été accueillie par un café et son doux sourire. Son soutien et ses soins m'ont rajeunie, me donnant la force d'affronter les défis qui m'attendaient.

ÉPILOGUE

Une sorte de conclusion

Le mur a été franchi. Pendant de nombreuses années, à travers ces douze vies, remplies de moments de bonheur et d'extrêmes violences identitaires, je n'ai ni eu l'occasion ni le courage de m'interroger véritablement sur ma façon de vivre ou de réfléchir aux événements qui se déroulaient autour de moi. Cette incapacité m'a empêché de comprendre pleinement ma propre culture et les cultures des pays que j'ai traversés. En revisitant le passé, j'ai d'abord cherché à me comprendre, puis à donner un sens aux autres. Ce fut un parcours difficile, mais qui m'a permis d'envisager l'avenir avec plus de clarté.

L'écriture de ce livre était vitale pour moi. Cela m'a permis de retrouver mes repères et de partager mes sentiments avec les autres. J'ai toujours rêvé d'écrire. J'adore lire et écrire ; Ils nourrissent mon imagination. Quand j'écris, je ressens un profond sentiment de paix, comme si rien d'autre n'existait. Tout se déroule en moi. Parfois, j'agis d'une manière que les autres ne comprennent pas, et je me suis rendu compte qu'il y a une autre partie de moi, un second moi, que je cherche constamment à comprendre. C'est cette recherche de clarté intérieure qui me permet de vivre plus pleinement.

Ma vie a été marquée par des épreuves, de mon enfance à mon adolescence et à l'âge adulte. J'ai appris que la vie est loin d'être un chemin facile. J'ai été confrontée à la cruauté, mais j'ai aussi vu comment la joie peut surgir de manière inattendue au milieu du chagrin. Malgré ma naïveté, j'ai fini par comprendre que le bonheur est réel. Il peut être créé, et l'espoir, bien qu'insaisissable, n'est pas toujours une illusion.

Je comprends maintenant ceux qui choisissent de ne pas revisiter leur passé, préférant oublier, comme j'ai essayé de le faire autrefois. Mais en revenant sur mes pas, j'ai réalisé que l'évitement est une forme de captivité à part entière. Derrière moi, douze périodes distinctes, douze vies, chacune comme un chapitre marquant une rupture dans mon existence. Les revisiter était un moyen de chercher des réponses aux questions qui me hantaient. J'ai été témoin de l'effondrement brutal du bonheur et de la coexistence du bien et du mal.

Chacun de nous possède une voix intérieure, un guide clair et simple que nous réprimons trop souvent. Cette voix, honnête et inébranlable, réclame notre attention. Il offre les moyens d'atteindre l'équilibre et la liberté, de découvrir l'essence de qui nous sommes. Pourtant, nous avons peur de nous-mêmes et résistons à sa clarté.

Sur cette Terre, c'est à nous de créer notre bonheur. Personne d'autre ne le construira pour nous. Le vrai bonheur, quand nous le permettons, peut nous soutenir comme une main réconfortante tendue dans la parenté. Je le crois profondément parce que cela m'a renforcé et façonné. Le bonheur n'est pas seulement dans les moments fugaces de joie, mais dans les bons moments que nous portons dans notre mémoire. Ces moments perdurent, même lorsque la vie semble s'effilocher. Ils restent en nous, attendant d'être revécus lorsque nous en avons le plus besoin. Et ainsi, la vie continue.

Générique

Le casting de ma vieParents Estelle et Frantz Enfants

Max (Bitou) Natatsha

Sœurs et frères

Irène Robert Julien

Demi-sœur et demi-frères (côté paternel)

Claire Alain Raymond

Neveu

Rivard

L'épouse d'Alain

Ida

Tantes

Anna, la sœur de ma mère

Dadia, la sœur de mon père

Dieula, la sœur adoptive de ma mère, Annie

La mère de Dadia

Madame Médé

Oncle (côté maternel)

Joseph

Amis de ma mère

Mme Légère Ruth, ma marraine

Yongo, voisin

Ami de ma sœur

Christiane

Cousins

Viviane Suzie Fabienne Sola Gisèle Julia

La maîtresse de mon père

Vanité

Enseignant (école primaire)

Martha

Generique

Amis d'enfance

Sylvain Doris

Violette Yanik

Nélia

Josie

Lovers

Sylvain

Henry

Tony

Jacques

L'amoureux des mystères

Religieuses (en Haïti)

Sœur Berthe Sœur Marie Marthe

Sœur Jeanne

Employés de la religieuse

Jeannette

Marie

Laura

Amédé

Boarders

Collette

Joséphine

Miche

Maguy

Josie

Témoins du 1er mariage

Dadia

Georges

Servants (Haïti)

Thérésa

Zita

Lisette

Séjour À New York

Tantes

Dadia

Annie

Anna

Frère

Alain

Amis

Erik

Isabelle

Louky

Metty

Le bon Samaritain Un

Américain

MONTRÉAL

Enice's relatives

Irène (sister)

Robert (brother)

Gisèle (cousin)

Viviane (cousin)

Generique

La fille de Viviane

Micha

Parents de Tony

: Célia (fille),

Édith (sœur),

Rosita (cousine)

Friends

Nélia

Danie

Dona

Viviane

Laura

Robert

Mrs Maurice

Jean Simon

Maddy

Clauré

Viala

Sitters (nannies)]

Mrs. Fara Mrs. Léon

Mrs. Liliane Bélisle

La fille de Liliane

Francine

Le bébé de Viala

Yvi

Où en sommes-nous ?

Les temps changent, et d'une manière ou d'une autre, rien ne change.

Celui qui refuse le changement est souvent mal jugé et laissé sur le bord du chemin.

Nous disons qu'aucune lumière ne peut être perçue sans l'obscurité, mais certains animaux voient très clairement à travers les nuits les plus sombres.

Le chien perdu s'en sortira toujours

Pour trouver son chemin. C'est une toute autre histoire, celle de l'homme

qui est aveuglé par le changement et non par la lumière.

Peut-être avons-nous quelque chose de fondamental à apprendre de ces animaux innocents, car les temps changent, mais rien ne change.

Max (Bitou)

La nature est humaine

Comme la vivacité de la tulipe,

Étant une fille qui est devenue une femme, une mère et enfin mature,

La vie vous choisit,

Pour votre pureté, pour votre naïveté.

La tulipe meurt pendant les saisons froides et renaît pendant les saisons chaudes. La vie vous choisit,

Pour traverser ses hauts et ses bas.

Aujourd'hui, la vie vous offre à nouveau ses hauts. La tulipe renaît toujours,

à l'image du moment où elle était une fille. La vie vous choisit.

Natatsha

Remerciements

Je n'ai pas souvent eu l'occasion de remercier les personnes qui nous ont aidés. Je profite de la publication de ce livre pour le faire.

Tout d'abord, je tiens à remercier de tout cœur ma sœur Irène. Quand nous étions enfants, après le décès de notre mère, elle était toujours là pour s'occuper de nous dans les moments difficiles, malgré son jeune âge. Je tiens également à remercier mon frère Robert.

Je tiens également à remercier tante Dadia, entre autres, pour m'avoir aidée lors de mon premier mariage. Merci aussi aux religieuses qui nous ont donné un coup de main pour la réception.

Quant à tante Dieula, je n'oublierai jamais ce qu'elle a fait pour nous. Aucun autre membre de la famille n'a égalé sa générosité et son dévouement en notre nom.

Je ne pourrai jamais oublier Liliane Bélisle. Je l'aime beaucoup et je lui exprime ma gratitude pour tout ce qu'elle a fait pour mes enfants et moi. Elle a été plus qu'une mère.

Je remercie également mes deux enfants, Max et Natatsha, de m'avoir aidé à réaliser ce rêve et de m'avoir soutenu tout au long du processus d'écriture de ce livre. Un témoignage de gratitude particulier à Natatsha qui, en plus de devoir s'occuper de ses deux enfants et de so

Les affaires ont toujours trouvé le temps et le moyen de m'encourager à continuer.

Il est important pour moi aussi d'exprimer mes remerciements les plus sincères à Sœur Berthe qui, à mes côtés ou de loin, m'a constamment accompagnée.

Enfin, j'exprime ma gratitude aux personnes qui ont pris le temps de lire mon texte à différentes étapes du processus de révision :

Tom Levitt, Maude Martineau, Lucette Martineau, Hélène Gallant, Line Gareau, Anna Gerda, Seema Arora et Sœur Rachel.

Merci à Caroline Léger pour ses conseils et son aide lors du montage. Enfin, je tiens à remercier tout particulièrement Koralie Woodward ainsi que Jean-Simon Brisebois.

Enice Toussaint

Commentaires Des Lecteurs

Au cours de la préparation d'Une femme parmi d'autres, de nombreuses personnes ont été invitées à lire le livre ou son résumé. Nous transcrivons ici quelques-uns des commentaires qui nous ont été transmis par la suite.

J'ai voyagé avec Enice et je l'ai accompagnée à travers les joies, les difficultés, les luttes, les recherches. Son ardeur et sa constance à tenter de se libérer de ses envoûtements et les moyens pris pour découvrir les chemins de la lumière l'ont amenée à une plus grande maturité ; elle est maintenant une femme plus joyeuse, dévouée et toujours prête à prier ; C'est une maman heureuse d'avoir un fils et une fille qui voyagent à ses côtés. Son immense joie est d'être grand-mère de trois adorables petits-enfants.

Sœur Berthe

« Dans mes nombreux livres, la femme haïtienne (jeune fille sensuelle, mère ou grand-mère) joue un rôle important, mais je suis heureuse d'entendre sa voix pour une fois. »

Extrait d'un commentaire écrit par Dany Laferrière, romancier québécois d'origine haïtienne.

Dany Laferrière

J'ai parcouru les pages avec un empressement soutenu et une curiosité intense.

Au début, je pensais que la vie de l'auteure était en danger, qu'elle ne terminerait jamais son témoignage. Mais en entrant dans le vif du sujet, j'ai compris que cette femme a souffert parce qu'elle est trop sensible.

De plus, Enice Toussaint est une grande amoureuse des gens et de la vie. Je considère que cette autobiographie doit être recommandée à toutes les femmes, de toutes les classes de la société.

Anne, lectrice et amie

Ma chère Enice, ce que je ressens, c'est le besoin de parler, de raconter ton histoire à des gens qui te connaissent à peine et à ceux avec qui tu vis au quotidien, et à ceux qui ne te connaissent même pas.

La manière dont vous avez décrit votre enfance est merveilleuse. Il ne semble pas y avoir grand-chose que vous ayez omis. Nous avons l'impression que vous transmettez un message sans dire aux autres ce qu'ils doivent faire.

Sans aucun doute, les personnes qui auront le privilège de lire votre autobiographie pourront se replonger dans leur passé tout en se questionnant. Il n'y a pas de limite d'âge pour se remettre en question, tout le monde a la possibilité de le faire.

Gerda C.

Je crois que l'auteure nous donne très bien l'aspect bouleversant de la situation qu'elle vit et qui peut sembler difficile à comprendre. En fait, je me perds dans mes impressions personnelles du récit...

La fin est une grande bouffée d'air frais, c'est une expérience physique. C'est pourquoi je trouve que le thème de la liberté est central dans ce récit ; Le narrateur a entrepris une longue quête pour l'atteindre.

Comme l'auteur le dit elle-même, la fin vous fait du bien en remerciement de s'être éloignée du passé. Elle a été la seule responsable de sa libération.

Maude Martineau

Ce que j'ai trouvé le plus intéressant, c'est la croyance de l'auteur en Dieu et la façon dont elle le considérait comme son confident. Sa foi profonde est une source d'inspiration. J'ai aussi ressenti beaucoup de sympathie lorsqu'elle a décrit les nombreuses difficultés qu'elle a rencontrées... C'est un très bon livre.

Anne, lectrice et amie

Un témoignage d'une sincérité émouvante et d'une rare authenticité. Ce qui m'a d'abord frappé dans le récit d'Enice, c'est la franchise manifestée par le conteur dès les premières lignes du texte. Le résultat : nous gardons un intérêt constant pour l'histoire, racontée dans un style alerte et sans fioritures. Jusqu'à la dernière page, nous sommes submergés par les sentiments les plus contradictoires : l'irritation et la compassion, la révolte et la tendresse, le ressentiment et la solidarité.

Une femme parmi les autres est avant tout une entreprise extrêmement courageuse, qui ose mettre à nu pour que tous voient les défauts et les insuffisances de la femme haïtienne et des hommes haïtiens. Il offensera les âmes bien intentionnées, mais sa lecture se révèle indispensable à tous les peuples qui ne se laisseront pas aveugler par leurs préjugés et qui désirent le progrès de l'espèce humaine.

Lionel Jean

J'ai lu le résumé du livre d'Enice. Je suis profondément touché par son histoire et très impressionné par la simplicité de la narratrice.

Il est bien écrit et on y retrouve beaucoup d'émotions. J'ai hâte de lire son livre.

Je crois que ce livre aura un impact positif sur la plupart des femmes comme ma mère et qu'il sensibilisera probablement un peu plus les hommes aux femmes. J'imagine le courage et la foi qu'il a fallu à Enice pour écrire ce livre. Je tiens à la féliciter pour cette source d'inspiration qu'elle partage avec nous et pour les nombreux témoignages que l'on retrouve dans son livre.

Gerson

Récit d'une vie aux multiples facettes par Enice Toussaint est le premier de quatre volumes publiés par Éditions Nouveau Siècle.

Pour plus d'informations ou pour contacter Natatsha Casimir.

Veuillez visiter notre Maison d'édition: www.editionsens.com

Courriel : ediontionsens@gmail.com

www.ingramcontent.com/pod-product-compliance
Lightning Source LLC
Chambersburg PA
CBHW041304240426
43661CB00011B/1018